So sind sie, die

Schweden

Peter Berlin

W0072268

Die Fremdenversteher

Impressum

Peter Berlin
So sind sie, die Schweden

erschienen im
Reise Know-How Verlag Peter Rump GmbH
Osnabrücker Str. 79, 33649 Bielefeld

Titel der englischen Originalausgabe:
Xenophobe's® guide to The Swedes
© Xenophobe's® Guides Ltd.

Deutsch von Sabine Burger

Gestaltung
 Umschlag: Franziska Feldmann (Layout), der Verlag (Realisierung)
 Inhalt: Günter Pawlak, FaktorZwo (Layout), der Verlag (Realisierung)
 Zeichnungen: Gunda Urban und Franziska Feldmann

Lektorat
 Thorsten Altheide

Druck und Bindung:
 Media-Print, Paderborn

Printed in Germany

ISBN 978-3-8317-2880-0
ISBN epub 978-3-8317-4863-1
ISBN mobi 978-3-8317-4864-8

Dieses Buch ist erhältlich in jeder Buchhandlung Deutschlands, der Schweiz und Österreichs:
Bitte informieren Sie Ihren Buchhändler über folgende Bezugsadressen:
Deutschland
Prolit GmbH, Postfach 9, D-35461 Fernwald (Annerod) sowie alle Barsortimente
Schweiz
AVA Verlagsauslieferung AG, Centralweg 16, CH-8910 Affoltern am Albis
Österreich
Mohr Morawa Buchvertrieb GmbH, Sulzengasse 2, A-1230 Wien

Wer im Buchhandel trotzdem kein Glück hat, bekommt unsere Bücher auch über:
www.reise-know-how.de

Inhalt

„Du thronst auf Erinnerungen großer, vergangener Tage."

Es gibt 9,8 Millionen Schweden und im Vergleich dazu 5 Millionen Norweger, 5 Millionen Finnen, 5,5 Millionen Dänen, 54 Millionen Engländer, 81 Millionen Deutsche, 142 Millionen Russen und 321 Millionen Amerikaner.

Nationalismus & Identität

Vorwarnung

Die Schweden sind ein geschäftstüchtiges, aufrichtiges Volk, das an einer milden Form von Größenwahn leidet. So finden sie es beispielsweise völlig angemessen, dass der Kartograph Mercator Schweden großzügigerweise in der Größe Indiens zeichnete. Sie lehnen es ab, mit anderen Skandinaviern in einen Topf geworfen zu werden, als ob sie keine eigene Identität besäßen.

Aus schwedischer Perspektive sind die Unterschiede zwischen den nordischen Ländern gravierend. Dänemark ist horizontal, Norwegen ist vertikal, Island schmilzt weg, Finnland ist ein Labyrinth und Schweden ist atemberaubend idyllisch.

》》 Die Schweden sind ein geschäftstüchtiges, aufrichtiges Volk, das an einer milden Form von Größenwahn leidet.

Darüber hinaus gibt es sprachliche Unterschiede. Jeder finnische Satz beginnt im Falsett und endet im Bariton. Norwegisch klingt wie rückwärts betontes Finnisch, ist aber eigentlich ein regionaler schwedischer Dialekt. Die Dänen mit ihren Doppel- und Kehlkopfknacklauten hören sich an, als wären sie steckengeblieben zwischen dem Hinunterschlucken und Ausspucken einer sehr heißen Kartoffel. Nur die schwedische Sprache hat sich aus dem grunzenden isländischen Kauderwelsch in den bekannten und beliebten Singsang des Sprechers aus der IKEA-Werbung entwickelt. Schweden finden aufeinandertreffende Konsonanten wie in *Jazz* oder *Tsch*üss schwierig. Für einen

Schweden wäre ein Satz wie „John aus Tschechien raucht einen Joint im Dschungel" ein echter Zungenbrecher. Er würde wohl in etwa sagen: „Yohn aus Schechien raucht einen Yoint im Schungel."

Die Unterschiede von nationaler Kultur und Charakter sind ebenso eklatant. Die Norweger sind ein einfaches, direktes Volk, die Dänen heiter und lebenslustig. Die Finnen sind eine wortkarge Schar, deren Mückenstiche sie zum Schreien und Herumhüpfen bewegen, was in Reiseführern irrtümlich als Volkstanz aufgeführt wird. Die Schweden haben diese Eigenschaften kombiniert und ihnen zu neuen Höhen verholfen, indem sie Humor in schlichten Gesprächen gefunden, Schweigsamkeit durch Small-Talk ersetzt und Körpersprache komplett abgeschafft haben.

>> **Bei einem Vergleich mit anderen Ländern gibt es kaum etwas, bei dem die Schweden und ihr Land nicht positiv abschneiden würden.**

Schweden sind immer wieder darüber erstaunt, dass Ausländer keine eingerahmte Landkarte Schwedens über dem Bett hängen haben. Sie wundern sich über Leute, die denken, die schwedische Hauptstadt sei Oslo, oder dass Schweden die Heimat von Swatch sei. Solche Offenbarungen von Unkenntnis können nur mit einer gezielten Aufklärungskampagne bekämpft werden, weshalb sie nie müde werden, andere über Schweden zu belehren.

Bei einem Vergleich mit anderen Ländern gibt es kaum etwas, bei dem die Schweden und ihr Land nicht positiv abschneiden würden, und sei es die Länge einer Diskussion, die Breite einer Verallgemeinerung oder die Höhe einer Standhaftigkeit. Um sie glaubhafter zu machen, erhalten die meisten Vergleiche eine dünne Schicht an Selbstkritik, doch diese kann den darunterliegenden Nationalstolz nicht vertuschen.

Patriotismus

Die Schweden zeigen Verachtung für die öffentliche Zurschaustellung von Patriotismus und übersehen dabei geflissentlich, dass das Blau und Gelb der schwedischen Flagge allgegenwärtig ist – an Fahnenstangen im Garten, auf Postkarten und Geburtstagskuchen, an

》》 Die blau-gelbe Flagge ist allgegenwärtig.

den Zweigen von Weihnachtsbäumen oder auf den Gesichtern von Fußballfans. Ihre Farben finden sich wieder auf Kerzen und Servietten, Flaschenetiketten und Keksdosen, sogar in den Logos schwedischer Firmen.

Schweden sind keine Patrioten im üblichen Sinne. Siegesdenkmäler haben eher die Form von Runensteinen als von Bronzestatuen. Zwar zeigt das Denkmal des kriegerischen Königs Karl XII., das in einem Park in der Stockholmer Innenstadt aufragt, mit einem Finger drohend nach Russland und hält ein gezogenes Schwert in der anderen Hand – aber das letzte Mal, dass jemand der Statue Beachtung geschenkt hat, war, als Studenten in der Nacht ein Riesen-Jojo an den Finger gehängt hatten. Fragt man die Schweden, was sie mit ihrem Heimatland verbindet, werden sie eine Menge zu sagen haben, aber nicht über den Staat, die Geschichte oder die Kultur, sondern über tiefe Wälder, idyllische Schäreninseln, Krebse mit Aquavit und blumengeschmückte Maibäume.

Ihre Flagge zeigt ein gelbes Kreuz auf blauem Hintergrund und symbolisiert damit das christliche Erbe der Nation. Die Farben der Flagge lassen Erinnerungen an die Sommer der Kindheit wachwerden, als der Himmel blauer und die Sonne goldener strahlten als heute. Für die Schweden ist die Nationalflagge hauptsächlich eine angenehm anzusehende Dekoration. Sie animiert die Leute eher zu einem Picknick auf der Wiese als zu einer Großkundgebung.

Wie sie sich selbst sehen

Die schwedische Nationalhymne sagt alles: „Du thronst auf Erinnerungen großer, vergangener Tage", was sich auf die *Stormaktstiden,* die ‚Großmachtzeit' bezieht, als Schweden über einen Großteil Nordeuropas herrschte (s. Karte). Davor hatten bereits die Wikinger die Völker rund um das Mittelmeer, auf den Britischen Inseln und in Nordamerika ihre Schlagkraft schmecken lassen. Heutzutage werden schwedische Schulkinder dazu ermahnt Haltung anzunehmen *(att sträcka på sig),* wenn das Thema Wikinger im Geschichtsunterricht behandelt wird.

Allerdings haben die Schweden seit diesen ungestümen Tagen mit ihrem Kampf für eine bessere Welt eine spektakuläre Kehrtwendung von Rambo zu Rimbaud hingelegt, während man so nebenbei noch ein paar Waffenverkäufe tätigt. Während des 20. Jahrhunderts, als andere Nationen sich selbst zerstörten, versuchten sie die zerbrochenen Teile wieder zusammenzufügen. Raoul Wallenberg, Folke Bernadotte, Dag Hammarskjöld und Olof Palme sind als unerschrockene

Vermittler in die Geschichte eingegangen, die für ihren Mut mit dem Leben bezahlt haben. Inspiriert durch ihre berühmten Landsleute sehen sich die Schweden nun im Allgemeinen als das Gewissen der Welt.

Zudem halten sie sich für die Ehrlichkeit in Person. Mit unfehlbarer Regelmäßigkeit bekennen sich schwedische Kabinettsmitglieder zu ihren Skandalgeschichten und treten umgehend zurück. Ehrlichkeit wie sie nicht besser sein kann.

Wie andere sie sehen

Die Norweger finden die Schweden unerträglich eingebildet, während die Dänen sie für Spaßbremsen halten. Die Briten sehen sie als sexy, aber kalt an und die Amerikaner denken, sie seien Schweizer.

>> **Der weltweite Ruf der Schweden, etwas steif zu sein, ist irreführend – sie sind stocksteif.**

Der weltweite Ruf der Schweden, etwas steif zu sein, ist irreführend – sie sind stocksteif. Der Autor Herman Lindqvist hat dies folgendermaßen zusammengefasst: Die Schweden betrachten die Welt durch einen Rahmen, der von Martin Luther, Gustav Wasa (dem Gründer des schwedischen Staates), der Abstinenzbewegung und 100 Jahren Sozialismus zusammengehalten wird. Luther bescherte den Schweden den Geschmack für Einfachheit, Vasa die nationale Identität, die Abstinenzbewegung die Tendenz zur Scheinheiligkeit und der Sozialismus die Arbeitsscheu.

Viele Ausländer, die in Schweden wohnen, finden die Einwohner sozial unzugänglich. Nachbarn kümmern sich um ihren eigenen Kram und Kollegen gehen nach der Arbeit sofort nach Hause. Es soll Neuzugezogene gegeben haben, die ihre schwedischen Nachbarn zum Kaffee eingeladen oder ihre Kollegen aufgefordert haben sollen, für einen Drink mit in die nächste Kneipe zu kommen. Derartigen Initiativen gegenüber zeigt man sich normalerweise angenehm überrascht.

Wie sie andere sehen

Die Schweden sind in der Hinsicht einzigartig, dass sie eigentlich gegen kein anderes Land etwas haben. Die herablassende Haltung, die sie ihren nordischen Nachbarn gegenüber einnehmen, rührt nicht daher, dass man eine Abneigung gegen sie hätte, sondern von der sicheren Überzeugung, dass Schweden überlegen ist.

Natürlich schätzen sie es nicht, wenn die Deutschen noch vor dem Frühstück mit ihren Handtüchern die wenigen Liegestühle am Pool reservieren; oder wenn die Amerikaner fragen, wie viel die schwedische *krona* in richtigem Geld (nämlich US-Dollar) wert ist; oder wenn sich die Italiener in der Schlange am Skilift vordrängeln. Aber das betrachtet man als kleinere Abweichungen von der schwedischen Verhaltensnorm, die auf Konformität beruht.

Auf Reisen ziehen die Schweden es vor, die Einheimischen auf sicherem Abstand zu halten, indem sie sie im Hintergrund der Selfies halten, die sie mit ihren Smartphones aufnehmen. Aber grundsätzlich haben Fremde etwas Positives: Deren seltsame Gesichter und Marotten erinnern die Schweden daran, wie wundervoll es doch ist, normal zu sein – also schwedisch.

Charakter

Distanziertheit

Die Kultur der Schweden entwickelte sich im Laufe der Zeit als ein Mittel, ihre Umwelt zu überleben und miteinander auszukommen. Das raue Klima machte die schwedischen Wikinger zu zähen Jägern, die es vorzogen, in ihrer freien Zeit auszuruhen, anstatt Kontakte mit ihren Nachbarn zu pflegen. Außerdem gab es nur wenige Nachbarn – und diese waren weit entfernt. Herausgekommen ist dabei ein Land voll introvertierter Menschen, die noch immer sehr viel Wert auf ihre Unabhängigkeit legen und jede Menge Bewegungsfreiheit brauchen. Wie ein schwedisches Sprichwort sagen würde (wenn es dieses denn gäbe, was aber nicht so ist): Einer ist Gesellschaft, zwei sind ein Gedränge.

>> **Ein gemeinsamer Zug aller Schweden ist eine intensiv gefühlte svårmod.**

Schwermut

Ein gemeinsamer Zug aller Schweden ist eine intensiv gefühlte *svårmod,* eine tiefgründige Melancholie, hervorgerufen von langen Wintern, hohen Steuern und dem Gefühl, weitab am geopolitischen und sozioökonomischen Rand festzusitzen. Sie brüten, mit sich selbst beschäftigt, lange über den Sinn des Lebens nach, ohne jemals zu befriedigenden Antworten zu gelangen. Die kahlen Bilder und ungelösten Verwicklungen in vielen von Ingmar Bergmans Filmen sind treffende Schnappschüsse der schwedischen Psyche.

All diese *svårmod* macht die Schweden gehemmt und im sozialen Umgang unbeholfen. Wenn sich zwei schwedische Personen zum ersten Mal begegnen, sind eigentlich vier Personen anwesend: die beiden sichtbaren Personen und dazu deren unsichtbare Alter Egos, die dicht daneben stehen und jedes Wort und jede Geste kritisieren. Nur wenn es sich um alte Bekannte handelt, treten die Alter Egos etwas zur Seite, wiewohl sie immer noch die Köpfe schütteln.

Kein Wunder, dass die Schweden bei einer ersten Begegnung etwas reserviert, ja sogar kühl erscheinen: Sie sind so damit beschäftigt, mit ihren Alter Egos zu diskutieren, dass sie sich nicht wirklich auf die Leute, die direkt vor ihnen stehen, konzentrieren können.

》 Moderne Schweden vermeiden Konflikte, wo immer sie können.

Wenn sie sich dann aber endlich von ihren inneren Kämpfen befreien können, sind sie zu einer Freundlichkeit und Gastfreundschaft fähig, die schon fast an Herzlichkeit grenzt.

Undfallenhet

Ein anderer, weitverbreiteter Zug ist *undfallenhet* – die Neigung, Ja zu sagen und Druck nachzugeben. Während ihre Wikingervorfahren auch die kleinsten Kleinigkeiten mittels harter Konfrontationen austrugen, vermeiden moderne Schweden Konflikte, wo immer sie können. Sie glauben, *undfallenhet* sei eine viel intelligentere Strategie. Immerhin hat sie das Land fast zwei Jahrhunderte lang aus Kriegen herausgehalten und ihm geholfen, einen der höchsten Lebensstandards der Welt zu erlangen.

In den meisten Ländern versucht ein Verkäufer einen Kunden, der sich über einen Fehler bei einem Produkt oder Service, das oder den er gerade erworben hat, beschwert, mit Ausflüchten abzuwimmeln. Doch nicht im Land von *undfallenhet*. Hier entwaffnet der Anbieter den Kunden damit, dass er ihm sogar noch Zündstoff für Beschwerden liefert. Wenn man beispielsweise die Mietwagenfirma anruft, weil die Spikes auf den Winterreifen fehlen und man daher ungerechterweise der Gefahr ausgesetzt ist, für eventuelle Unfallschäden aufkommen zu müssen, erhält man höchstwahrscheinlich vom Autovermieter die Antwort:

>> **Eine Folge von undfallenhet ist das Zögern von Personen in Machtpositionen, ihre Macht auszuüben.**

„Machen Sie sich keine Sorgen über die Unfallkosten. Was ist mit Ihrer eigenen Gesundheit und Sicherheit?" Eine solche Antwort raubt einem jeglichen Spaß am Beschweren.

Aggressiv zu sein, gilt in vielen Kulturen als Macho-Ding. In Schweden betrachtet man es als eine schwerwiegende Behinderung. Im Zweiten Weltkrieg kapitulierte die schwedische Regierung vor Hitlers Forderung, dass deutsche Truppen die Möglichkeit haben sollten, durch das neutrale Schweden zu marschieren, um die Besetzung Norwegens aufrechterhalten zu können. Bis zum heutigen Tag verursacht die Erinnerung daran bei den Norwegern Gefühle, die ihnen die Kehle zuschnüren.

Eine weitere Folge von *undfallenhet* ist das Zögern von Personen in Machtpositionen, ihre Macht auszuüben. Im Namen des Konsenses ziehen Manager es vor, alle wichtigen Entscheidungen durch einen Ausschuss fällen zu lassen. Das Gleiche gilt für Politiker. Schwedische Politiker versprechen rasches und durchgreifendes Handeln gegen alle Fälle von sozialer Ungerechtigkeit, die ihnen vorgetragen werden, seien es Steuerschlupflöcher, Geschlechterungleichheit oder Straflosigkeit bei Verbrechen. Auf die Frage, welche Maßnahmen ergriffen werden sollen, kommt immer die gleiche Antwort: „Einen Ausschuss bilden."

>> **Auf die Frage, welche Maßnahmen ergriffen werden sollen, geben schwedische Politiker immer die gleiche Antwort: „Einen Ausschuss bilden."**

Und dann gibt es noch die ‚Bürgervereinigungen'. Diese werden per Verordnung eingerichtet, um den Bürgern von Gemeinden Mitsprache bei der Umsetzung kommunaler Angelegenheiten wie der Wasserversorgung, beim Straßenbau oder bei Freizeiteinrichtungen zu ermöglichen. Aber sie führen nicht notwendigerweise zu mehr Harmonie.

Es waren einmal drei freundliche Nachbarn, die an einem Hügel wohnten. Sie bildeten ein Komitee und erwarben ein 10.000 Kronen teures Schneeblasgerät und vereinbarten, dass sie es abwechselnd nutzen würden, um die 50 Meter gemeinsame Auffahrt freizuräumen. Dem untersten Nachbarn wurde es bald zu viel, schließlich benutzte er ja nur die ersten 5 Meter. Der Nachbar ganz oben, der eine Garage hatte, die groß genug war, um das Gerät unterzubringen, vergaß immer, einen Schlüssel dazulassen, wenn er in ein milderes Klima aufbrach. Der Nachbar in der Mitte bewahrte das Gerät letztendlich in seinem Garten auf, wo es verrostete, weil es dem Wetter ausgesetzt war, weshalb der zurückgekehrte, sonnengebräunte Nachbar die Auffahrt nicht mehr vom Schnee befreien konnte. Ein bitterer Streit folgte. Dabei hätten die örtlichen Behörden die Sache in der Zwischenzeit für läppische 300 Kronen pro Jahr erledigt.

Undfallenhet sollte nicht mit Feigheit verwechselt werden. Schweden war schon immer standfest, wenn es um seine Überzeugungen in Angelegenheiten wie Apartheid und Diktatur ging. Und es hat nie gezögert, ein Machtwort über weit entfernte Länder wie Südafrika oder Chile zu sprechen. Aber es ist eben harte Arbeit, wenn man sich Arm und Bein ausreißt, um

❯❯ In Notzeiten landen die Schweden immer auf ihren Füßen.

Rassismus und Faschismus auf der anderen Seite des Globus zu bekämpfen. Daher sei es den Schweden verziehen, wenn sie übersehen haben, dass genau dieselben Sünden über Generationen bei ihrem Nachbarn Russland verübt wurden.

Pragmatismus

In Notzeiten landen die Schweden immer auf ihren Füßen. Wenn die Welt in Kriege verwickelt wird, hält Schweden durch eine Mischung aus Diplomatie und Konzessionen die gegnerischen Parteien auf Abstand. Wenn die Wirtschaft den Bach hinuntergeht, erhöht die Zentralbank den Zinssatz auf 500 %, wertet die Krone um 30 % ab und kommt mit einem Lächeln im Gesicht zurück auf den Weltmarkt.

Wenn die Flaggschiffe der schwedischen Industrie die Daumenschrauben der internationalen Konkurrenz zu spüren bekommen, dann fusionieren sie mit ihren Konkurrenten und verlegen ihren Hauptsitz ins Ausland. Im Kampf zwischen Idealismus, Heldentum und gesundem Menschenverstand gewinnt immer letzterer.

Der Pragmatismus bringt eine Bereitschaft zu Kompromissen in großen und kleinen Dingen mit sich. Allerdings hat die Kompromissbereitschaft einen speziellen schwedischen Einschlag. Während Schweden sich beispielsweise für die völlige Abschaffung von Geflügelfarmen in der EU einsetzte, gab man sich dann mit einem Kompromiss zufrieden, bei dem die gesetzlich vorgeschriebene Stallgröße erhöht wurde und ein Nest, ein Sandbad und eine Sitzstange zur Verfügung gestellt werden müssen (einer muss ja schließlich auf die Hühner achtgeben).

>> **Im Kampf zwischen Idealismus, Heldentum und gesundem Menschenverstand gewinnt immer letzterer.**

Überzeugungen & Werte

Lagom – „Maß halten"

Wenn die Wikinger sich zwischen den Brandschatzungen und Plünderungen mal Zeit nahmen, dann versammelten sie sich um ein Lagerfeuer, um ein Horn Met zu leeren. Obwohl ihr Durst nach all den Strapazen groß war, war es eine Frage der Ehre für jeden Krieger, selbst nicht zu viel zu trinken, so dass das Horn nicht leer war, bevor nicht alle einen ordentlichen Schluck abbekommen hatten.

❯❯ Lagom durchdringt das schwedische Leben.

Mit anderen Worten, man musste mannschaftsgerecht, oder *laget om,* trinken, später verkürzt zu *lagom.* Jedenfalls lautet so die Legende. Im modernen schwedischen Sprachgebrauch bedeutet *lagom* „genau richtig" oder „in Maßen".

Lagom durchdringt das schwedische Leben. Wirtschaftlich hat es das Land in die Lage versetzt, ein Mittelding zwischen Kapitalismus und Sozialismus, das heißt zwischen Fortschritt und Menschlichkeit, zu finden. In der Produktionstechnik verwirft *lagom* vergoldetes Design zugunsten optimaler Lösungen. Auf sozialer Ebene stellt *lagom* Konformität über Spitzenleistungen, gleicht Extreme privaten Reichtums und Armut aus und lässt die Schweden in höchstem Maße im Einklang mit sich selbst zurück. Kurzum, *lagom* bildet die Basis des berühmten schwedischen Modells – allerdings nicht gerade im Sinne der aufregenden Kurven eines Playboy-Modells, sondern des formlosen Nirvana gleichförmiger Glückseligkeit.

Trotz alledem, das Wort *lagom* drückt mehr als ein Maß für Zurückhaltung aus: Es dient auch dazu, durch Untertreibung zu verherrlichen. Wenn etwas als „lagom gut" bezeichnet wird, bedeutet dies in Wirklichkeit, es ist das Beste.

Die Schweden glauben fest daran, dass ihr Land bei einer ganzen Reihe von Fähigkeiten, die von Erfindung und Weiterbildung bis hin zu Qualität, Leistung und Sicherheit reichen, *lagom* ist. Dieses starke Gefühl nationaler Unbesiegbarkeit geht auf das Mittelalter zurück, als die Bischöfe des europäischen Kontinents damit beauftragt wurden, eine Geschichte Schwedens zu erfinden. Plato und antike isländische Sagen zitierend bewiesen sie, dass Schweden nichts weniger war als „die Insel der Götter",

> **» Lagom drückt mehr als ein Maß für Zurückhaltung aus: Es dient auch dazu, durch Untertreibung zu verherrlichen.**

dass Schwedisch die Urform aller Sprachen war und dass die geschnitzten Runen das allererste Alphabet bildeten.

Im 17. Jahrhundert herrschte die schwedische Krone über den gesamten Norden Europas und gründete hier und da Niederlassungen auf dem amerikanischen Kontinent. Doch leider vernachlässigten die Könige dieser Zeit, während sie sich im Ausland mächtig ins Zeug legten, das Wohlergehen ihrer eigenen Untertanen zu Hause. Diese waren größtenteils ungebildete Bauern, die auch als Kanonenfutter dienten. Weil die Wirtschaft zu sehr stagnierte, um die Kriegsanstrengungen zu finanzieren, luden die Könige Belgier aus Wallonien ein, um die Kupfererzvorkommen des Landes abzubauen, deutsche Händler der Hanse, um die Wirtschaft anzukurbeln, und schließlich bat man einen Franzosen mit dem Namen Bernadotte, die eigenen königlichen Pflichten zu übernehmen – ein Zustrom ausländischen Talents, der seine unauslöschlichen Spuren hinterlassen hat.

Zwischen 1840 und 1920 war das Leben so wundervoll in Schweden, dass die meisten körperlich gesunden Menschen es nicht länger aushielten und nach Amerika emigrierten. Die Zurückgebliebenen arbeiteten gegen alle Widerstände daran, das heutige Von-der-Wiege-bis-zur-Bahre-Wohlfahrtsparadies zu errichten. Keine Herausforderung ist zu schwierig für ein so *lagom* perfektes Volk.

> **Zwischen 1840 und 1920 war das Leben so wundervoll in Schweden, dass die meisten körperlich gesunden Menschen es nicht länger aushielten und nach Amerika emigrierten.**

Religion

Die spezielle Form der schwedischen Scheinheiligkeit entwickelte sich aus der Gewohnheit der Wikinger, christliche Frömmigkeit vorzutäuschen, wann immer Bischof Ansgar von Bremen zu Besuch kam. Ansgar widmete einen Großteil seines Missionseifers der Aufgabe, die Schweden von der Anbetung von Steinen und Bäumen zu Erhabenerem zu konvertieren – und während seiner regelmäßigen Stippvisiten wollten sie ihn nicht enttäuschen.

Bis 1996 wurden alle Schweden automatisch Lutheraner – die Glaubenslehre der Schwedischen Kirche – ob sie es nun wollten oder nicht. Heutzutage hat man die Wahl und eine kontinuierlich steigende Zahl von Menschen nimmt eine agnostische Haltung an. Diejenigen, die sich noch nicht vollständig losgesagt haben, zeigen ihre lutherische Frömmigkeit, indem sie mindestens bei drei Gelegenheiten zur Kirche gehen: zur Geburt, zur Hochzeit und anlässlich des Ablebens.

In ihrem Streben den spirituellen Bedürfnissen einer zunehmend heidnischen Bevölkerung entgegenzukommen, werden die Geistlichen erfindungsreich. Verheiratete Paare können den Segen der Kirche nicht nur bei der Eheschließung erhalten, sondern auch vor einer bevorstehenden Trennung. Das Ritual hat die Form eines Gebets um Vergebung, währenddessen die Beteiligten einander danken können für die guten Zeiten, die sie miteinander verbracht haben.

》Es ist in Ordnung für einen schwedischen Geistlichen, die Existenz Gottes anzuzweifeln.

Die Kirche von Schweden kämpft noch immer ein wenig mit ihrer Prioritätenliste. Beispielsweise ist es in Ordnung für die Geistlichen, die Existenz Gottes anzuzweifeln, aber laut einer Empfehlung der Kirchensynode kann kein Pfarrer eingesetzt werden, der keine weiblichen Pastoren akzeptiert. Der heilige Bund der Ehe wurde ausgeweitet und schließt nun auch gleichgeschlechtliche Paare ein – außer der amtierende Pastor findet dies unvereinbar mit der Heiligen Schrift. In einem solchen Falle soll er (oder sie) das glückliche Paar an einen etwas einfallsreicheren Kollegen weiterverweisen. Die neue Übersetzung des Alten Testaments wurde heftig von der Frauenfraktion der linken Partei kritisiert. Obwohl die Übersetzung für ihre Genauigkeit gepriesen wurde, protestierten sie gegen die offenkundig männlich-chauvinistische Tendenz des Testaments. Ihr Grundsatz lautet: Als Gott den Mann erschuf, scherzte sie nur.

Gott kommt auch in der Kirche der Kopimisten nicht vor, des jüngsten Neuzugangs im schwedischen religiösen Leben. Die Kopimisten halten jegliche Information für heilig, unabhängig davon, welche Copyrights zu diesen gehören, und glauben, dass der einzige Weg, Informationen bis in alle Ewigkeit zu ehren und zu erhalten, ist, diese zu kopieren und zu verbreiten, was das Zeug hält. Die Zahl der Anhänger steigt weltweit, aber der schwedische Verband ist bis jetzt der einzige, der den Segen einer Regierung erhalten hat und sich Kirche nennen darf. Folglicherweise könnten Kopimisten, wenn sie Banknoten vervielfältigen und dafür strafrechtlich belangt werden, behaupten, religiös Verfolgte zu sein.

Trotz seines lebhaften religiösen Lebens bleibt Schweden eines der weltlichsten Länder auf dem weltlichsten Kontinent der Welt. Die christlichen Kreuze, die einst jede Traueranzeige in der Zeitung verzierten, wurden abgelöst von Herzen,

>> **Die Schweden haben sich der klassenlosen Gesellschaft verschrieben.**

Blumen, Sonnenuntergängen, Vögeln, Katzen, Hunden, Pferden, Motorrädern und Akkordeons, in ungefähr dieser Reihenfolge der Häufigkeit.

Klasse

Die Schweden haben sich der klassenlosen Gesellschaft verschrieben und bekommen doch reichlich Möglichkeiten, auf der sozialen Leiter herumzuklettern.

Eines der Kennzeichen von Klasse ist der Nachname. Es gab eine Zeit, als fast alle Svensson hießen. An einer nach-

vollziehbaren Identitätskrise leidend, tauften sich viele unter
Verwendung von etymologischen Absonderlichkeiten wie
Sjökvist (Seezweig) und Granström (Fichtenstrom) um. Die
weniger erfindungsreichen Svenssons gaben sich mit schwierigen Schreibweisen wie Svenzon oder Svenzén zufrieden.

Andere legten sich adlig oder ausländisch klingende En-
dungen für ihre Namen zu, typischerweise „-us" oder „-born"
wie in Svensuvius oder Svenborn. Der berühmte Naturwis-
senschaftler Carl Linnaeus wurde in Wirklichkeit unter dem
Namen Carl Nilsson geboren. Er
nahm den lateinisch klingenden
Linnaeus in seiner Lebensmitte
an, um seine akademischen Er-
rungenschaften hervorzuheben. Er starb sogar noch nobler
als in den Adelsstand erhobener Carl von Linné. Ein Dorf-
pfarrer ging sogar so weit, seine Gemeindemitglieder mit den
Nachnamen der schwedischen Aristokratie auszustatten, eine
Vorgehensweise, die die ursprünglichen Titelinhaber vor Ge-
richt aufzuheben versuchten.

**》》 Die Medelsvenssons sind
die schwedischen Otto Normalverbraucher.**

Die wenigen übriggebliebenen Svenssons verdarben den
Klassenkampf durch die Erfindung der vereinten Klasse der
Medelsvenssons, der schwedischen Otto Normalverbraucher.
Sie sind der Inbegriff der Mittelmäßigkeit und ihr Motto ist
En ann ä väl lika go som en ann (etwa „Für wen hältst du dich
eigentlich?"). Eine Weile machte es keinen Spaß mehr, auf der
sozialen Leiter aufzusteigen. Doch dann entschloss sich eine
Frau, den gewöhnlichen Nachnamen ihres Ehemanns aufzu-
möbeln, indem sie der spanischen Tradition entsprechend

ihren eigenen Mädchennamen hinzufügte, womit der Doppelname in Schweden eingeführt war. Diese Praxis kam schnell in Mode und heutzutage werden die Sjökvists und Granströms von einer Welle von Sjökvist-Wikanders und Granström-Brodins ausgestochen.

Das schwedische Äquivalent des arabischen Zayed bin Hamad ibn Abd al-Maktoum wäre vielleicht Sven-Valdemar Erik Nils Snoddas Sture Oskarsson-Nygren – abgekürzt: S.V.E.N.S.S.O.N.

Einwanderer

In den vergangenen hundert Jahren hat sich Schweden von einem Auswandererland in einen Zufluchtsort für Einwanderer verändert. Die eintönigen Kettfäden des ethnischen Gewebes wurden unauflösbar mit den exotischeren Schussfäden aus den entferntesten Ecken der Erde vermischt. Einer von fünf Einwohnern ist entweder ein Schwede mit Migrationshintergrund oder ein Flüchtling.

>> **Die meisten schwedischen Bürger zeigen eine gewisse Toleranz Neuankömmlingen gegenüber.**

Es gibt die unvermeidlichen Miesepeter, die darüber klagen, die Immigranten bekämen alle guten Arbeitsstellen und die besten Wohnungen, aber die meisten schwedischen Bürger zeigen eine gewisse Toleranz Neuankömmlingen gegenüber. Ein Grund dafür ist, dass sich die schwedischen Supermärkte und Restaurants gezwungen sahen, die Auswahl an Speisen über Haferschleim und fermentierten Hering hinaus auszuweiten. Ein weiterer Grund ist, dass die Einwanderer für Unterhaltung sorgen, die davor nur auf teuren Charter-fahrten zu bekommen war.

Die Immigranten träumen von einem schwedischen Wohl-fahrtsstaat ohne die Schweden. Irgendwann könnte sich der Wunsch der Neuankömmlinge erfüllen. Seit dem Ende der Eiszeit hebt sich der Norden des Landes um 1 Zentimeter pro Jahr gegenüber dem Meeresspie-gel, während der Süden etwa 1 Millimeter pro Jahr absinkt. Wenn sich dieser Trend noch ein paar Fantastillionen Jahre fortsetzt, wird Schweden irgendwann umkippen und alle fau-len Schweden fallen herunter.

>> **Es gibt ein Sprichwort, das besagt, dass alle Schweden frei geboren, aber zu Tode besteuert werden.**

Wohlstand und Ruhm

Es gibt ein Sprichwort, das besagt, dass alle Schweden frei ge-boren, aber zu Tode besteuert werden. Reich zu werden, war in Schweden noch nie einfach. Der Theater- und Filmregis-seur Ingmar Bergman wurde während einer Probe wegen an-geblicher Steuerhinterziehung verhaftet. Obwohl er vor Ge-richt freigesprochen wurde, veranlasste ihn dieser Vorfall, Schweden für viele Jahre zu verlassen. Und wie die Pippi-Langstrumpf-Autorin Astrid Lindgren erfahren musste, kön-nen selbst Millionäre Schwierigkeiten haben, über die Run-den zu kommen, wenn der Steuersatz bei 102 % liegt.

Aber sogar nach der Steuereintreibung bleiben die Stink-reichen lediglich stinkend in den Augen der Nicht-ganz-so-Reichen, die selbst nicht gerade arm sind. Sichtbar zur Schau gestellter, persönlicher Reichtum ist in Schweden seit jeher verpönt. Diese Ansicht beruht auf der Annahme, dass es für jeden Gewinner einen Verlierer gibt.

Das einzige noch größere Vergehen, als reich zu sein, ist es, berühmt zu sein. Ruhm zu erlangen, gilt nur dann als akzeptabel, wenn dieser auf ganz Schweden abfärbt, sodass sich jeder etwas im Rampenlicht sonnen kann. Der Name des schwedischen Astronomen Anders Celsius wird aufgrund seiner allgemein gültigen Skala zur Temperaturmessung unzählige Male an jedem Tag genannt und Alfred Nobel ist berühmt für seinen Preis, der durch ein Vermögen möglich gemacht wurde, das er durch die Erfindung von Dynamit angehäuft hatte. (Unter ihrer eisigen Fassade zeigen die Schweden eine erstaunliche Vorliebe für Feuer und Rauch, schließlich haben sie auch die Streichhölzer und die Dampfturbine erfunden.) Es war auch ein Schwede, der die Erfindung des Reißverschlusses verbesserte, um den Prozess, einander aus den Kleidern zu helfen, zu beschleunigen.

> **» Ruhm zu erlangen, gilt nur dann als akzeptabel, wenn dieser auf ganz Schweden abfärbt.**

Der Ruhm der Sportprominenten Ingemar Stenmark und Pernilla Wiberg wird toleriert, denn er hat dem schwedischen Skisport zu weltweitem Ansehen verholfen. Ingmar Bergman durfte berühmt sein, da seine Filme Leib und Seele Schwedens der Welt offenbarten.

Dahingegen geriet Ingrid Bergman, der glanzvolle Star aus Hollywoodklassikern wie Casablanca und Indiskret, in Konflikt mit den schwedischen Zuschauern, da sie ihren Ruhm als Ausgewanderte erlangte und es versäumte, bei jeder Gelegenheit ihre schwedische Herkunft zu betonen.

Geld zählt

Die Schweden verstehen wirklich etwas von der Freude des Gebens und Nehmens. Sie geben so viel wie sie nehmen, nie mehr oder weniger. In Naturalien oder in *kronor* und *öre* – und das bis auf die zweite Stelle hinter dem Komma, großzügig aufgerundet von der dritten. Bietet man einem schwedischen Raucher eine Zigarette an, wird er darauf bestehen, diese zu bezahlen. Den Preis einer Packung weiß er auswendig, diesen teilt er im Kopf durch 20. Ihm liegen 2 *kronor* 49 *öre* auf der Zunge, aber dann zählt er 2 *kronor* 50 *öre* ab. „Hier", sagt er zu dem Spender, „das Wechselgeld kannst du behalten."

>> **Die Schweden geben so viel wie sie nehmen, nie mehr oder weniger.**

Wenn nach einem Essen unter Freunden Rechnungen im Restaurant verteilt werden, werden sie nicht einfach in gleiche Teile geteilt. Alle wissen genau, was sie bestellt haben, und rechnen ihren eigenen Anteil auf ihrer Papierserviette aus. Ulf und Ulla, die sich zu einem Date getroffen haben, sind beide genauso fest entschlossen, ihren Anteil der Rechnung zu begleichen.

Einem ausländischen Beobachter solcher Szenen könnte verziehen werden, wenn er dächte, Schweden seien krankhafte Geizhälse. Die Wahrheit ist allerdings, dass sie es hassen, von anderen Menschen durch Verpflichtungen jeglicher Art abhängig zu werden. Nimmt man ein Geschenk an, fühlt man sich verpflichtet, eine gleichwertige Gegenleistung zu erbringen. Tut man jemandem einen Gefallen, muss der andere damit rechnen, ihn irgendwann zurückzahlen zu müssen.

Ein wissenschaftlicher Mitarbeiter an der Universität von Lund war entsetzt über diesen Wie-du-mir-so-ich-dir-Fimmel, als er als Flüchtling aus Chile in Schweden ankam. Er beschreibt ein Treffen mit einem schwedischen Kollegen bei einem Sprachkurs in England. Er entschied sich, es mit einer kulturellen Weiterbildung zu versuchen. „Lass uns eine Absprache treffen", schlug er vor.

„In Schweden haben wir es immer auf deine Art gemacht und die Rechnung aufgeteilt, aber so lange wir hier in England sind, machen wir es auf meine Art und Weise und wir laden uns gegenseitig abwechselnd ein. Okay?"

》》 Tut man jemandem einen Gefallen, muss der andere damit rechnen, ihn irgendwann zurückzahlen zu müssen.

Der Kollege stimmte widerstrebend zu. Zwei Monate lang luden sie sich gegenseitig auf chilenische Art ein. Es traf sich, dass der Flüchtlingsdozent mehr Taschengeld als sein schwedischer Freund hatte und es ihm Freude bereitete, diesen etwas zu verwöhnen.

Auf der Rückreise nach Schweden, gerade als der Dozent sich selbst im Stillen gratulierte, dass er seinem Freund die Gepflogenheit abgewöhnt hatte, Rechnungen auseinanderzudividieren, teilte ihm dieser fröhlich mit: „Übrigens habe ich jetzt mal alles zusammengerechnet, was wir in den englischen Pubs ausgegeben haben, und ich schulde dir jetzt noch 147 *kronor*."

Verhalten

Frauen und Männer

Von außen betrachtet könnte man meinen, Schweden sei von zwei völlig unterschiedlichen Stämmen bevölkert: den Frauen und den Männern. Die stereotypische schwedische Frau ist schön, eigensinnig und spricht drei Sprachen. Sie hat ein stark ausgeprägtes Gefühl für Ästhetik und ihre Einstellung zu Sex ist entgegenkommend. Als Single reist sie um die Welt und erfreut sich an den örtlichen klimatischen und körperlichen Höhepunkten. Einmal verheiratet macht sie ausnahmslos Karriere und behält ihr eigenes Geld.

>> **Die stereotypische schwedische Frau ist schön, eigensinnig und spricht drei Sprachen.**

Der durchschnittliche schwedische Mann gilt als scheu, schweigsam, unterwürfig, sentimental, prinzipientreu, zuverlässig – genau die Art männlicher Gefährte, die eine schwedische Frau als Vater ihrer 1 3/4 Kinder begehrt. Er ist Mr. Fixit, der auch weiß, wie man einen Kinderwagen schiebt und Windeln wechselt. Im Grunde ist er ein Einzelgänger und am glücklichsten ist er bei der Arbeit, auf der Skipiste oder im Ferienhaus, an dem er ständig herumbastelt.

Im öffentlichen Sektor sind die meisten Mitarbeiter Frauen – obwohl die meisten Vorgesetzten Männer sind. Aber die Schweden beglückwünschen sich selbst dazu, dass sie die ersten auf der Welt sind, die vollständige Gleichberechtigung zwischen den Geschlechtern erreicht haben. Dies begründen sie mit der Statistik, dass die Hälfte der Regierungsminister weiblich ist, genau wie fast die Hälfte der Parlamentsabgeordneten.

Im internationalen Vergleich waren schwedische Frauen schon immer sehr emanzipiert. Zu Zeiten der Wikinger wagten es nur die Frauen, einem Krieger zu sagen, was für ein dummer Trottel er sei. Wenn sich ein Mann eine ähnliche Bemerkung erlaubte, kostete ihn das normalerweise eine oder mehrere Gliedmaßen. Heutzutage führen die Mitglieder der Frauenbewegung eine Kampagne, dass Männer sich beim Urinieren setzen sollten, denn ihrer Ansicht nach haben Männer schon viel zu lange mir ihrem anatomischen Vorteil geprunkt.

> **❯❯ Im internationalen Vergleich waren schwedische Frauen schon immer sehr emanzipiert.**

Auf ein ganz neues Niveau wird die Geschlechtergleichheit jetzt in einer Stockholmer Vorschule mit dem Namen Egalia gehoben, die die Geschlechter vollständig aus den Köpfen ihrer Schüler (1–6 Jahre alt) beseitigt. Ihnen wird beigebracht, dass die schwedischen Wörter für „er" (*han*) und „sie" (*hon*) überholt sind, und dass das geschlechtsneutrale Wort „*hen*" an deren Stelle tritt. In den Spielecken ersetzen Spielküchen und Legosteine Spielzeuggewehre und Puppen, um jegliche geschlechtsbezogenen Tendenzen im Keim zu ersticken. Es gibt keine Schneewittchen oder Aschenputtel auf den Regalen – genau genommen überhaupt keine Märchen, wenn wir schon mal dabei sind. Fast alle Bücher handeln von alleinerziehenden Eltern, homosexuellen Paaren oder adoptierten Kindern.

Eine Sache, die schwedische Männer und Frauen (schon aus der Zeit vor Egalia) gemeinsam haben, ist eine sonderbare diagnostische Einstellung zu menschlichen Beziehungen. Techniken der sozialen, genau wie der sexuellen, Interaktion werden bis ins kleinste Detail analysiert und verglichen – etwa mit Hilfe der Fragen „Wie war es für dich?" und „Wie können wir es das nächste Mal besser machen?" Ausländer mag diese klinische Herangehensweise verunsichern, aber sie bietet einen Vorsprung bei späteren Begegnungen.

Heirat

Seit dem Mittelalter hat die schwedische Kirche zuverlässig Geburten, Hochzeiten und Todesfälle für die säkularen Autoritäten registriert. Da im Heimatland selbst keine großen Kriege ausgetragen wurden, sind die alten Register intakt geblieben und bilden die vollständigsten Aufzeichnungen menschlicher Abstammungslinien der Welt.

>> Traditionalisten und unheilbare Romantiker probieren es mit einer Hochzeit.

Die Tatsache, dass die Hälfte der schwedischen Erwachsenen alleine lebt und Paare normalerweise nicht verheiratet sind, hindert Traditionalisten und unheilbare Romantiker nicht daran, es mal mit einer Hochzeit zu probieren. Diejenigen, die heiraten, schließen oft ihre Nachkommen auf ihren Hochzeitsfotos mit ein.

Nach einer Periode gewollter Einfachheit sind Hochzeiten wieder aufwändige Rituale geworden. Kirchliche Trauungen haben ein Comeback erlebt, und die malerischsten Kirchen sind Monate im Voraus ausgebucht. Es ist der Bräutigam selbst, eher als der Schwiegervater in spe, der die Braut zum Altar führt, normalerweise zu Mendelssohn Bartholdys Hochzeitsmarsch (der auf Hochzeiten in Amerika traditionell am Ende gespielt wird, weshalb amerikanische Hochzeitsgäste denken, sie seien zu spät gekommen). Der Bräutigam trägt normalerweise einen dunklen Anzug, während das Kleid der Braut elfenbeinfarben ist und verziert mit bunten Blumen, die auf den Saum genäht

❯❯ Die moderne schwedische Ehe basiert auf einer Formel aus gegenseitigem Respekt und Unabhängigkeit.

sind. Sogar in Zeiten tiefer Rezession gönnen sich die meisten Paare den Luxus von Designerringen, opulenten Empfängen und luxuriösen Flitterwochen.

Die moderne schwedische Ehe basiert auf einer Formel aus gegenseitigem Respekt und Unabhängigkeit. Der Erfolg dieser Rezeptur kann anhand der Scheidungsrate, die etwas unter 50 % liegt, beurteilt werden.

Die traditionellen Geschlechterrollen innerhalb der Ehe begannen sich in den 1960er Jahren aufzulösen, als die Ehefrauen finanzielle Unabhängigkeit von ihren Ehemännern verlangten und einen monatlichen *hustrulön,* oder Ehegattinnenlohn, einforderten. Die Forderung wurde mit dem Argument gerechtfertigt, die Ehefrau sei im Grunde Haushälterin und Kindermädchen vereint in einer Person, obwohl manche Ehemänner es vorzogen, sich mit jeder gesondert zu vereinen. Paradoxerweise bot der *hustrulön* den Ehemännern einen finanziellen Anreiz, denn hatten sie bisher ihren gesamten Lohn ihren Frauen ausgehändigt, brauchten sie sich jetzt nur noch von zwei Dritteln zu trennen. Der *hustrulön* wurde die Norm in schwedischen Ehen bis die Frauen letztendlich vollständige finanzielle Unabhängigkeit durch ihre eigenen Karrieren im Arbeitsleben erreichten. Doch leider brachten die unabhängigen Gehälter auch eine höhere Steuerschuld mit sich.

Damals wurde vorgeschlagen, dass die Eheleute sich gegenseitig als Haushaltszulieferer in Dienst nehmen sollten, um bestimmte Steuervorteile für Unternehmen in Anspruch nehmen zu können. Das wäre sicher eine Win-win-Situation: Einer der Ehepartner arbeitet die gesamte Zeit, um das Geld zu verdienen, während der andere die Ehekosten von der Einkommenssteuer abzieht. Dann könnte eine Rechnung der Ehefrau an ihren Ehemann für einen typischen Tag ehelicher Glückseligkeit etwa folgendermaßen aussehen:

Erbrachte Dienstleistungen	Kronor
Weckruf	40
passende Socken suchen	100
Zubereitung Frühstück	150
1 3/4 Kinder auf die Schule vorbereiten	200
Zubereitung Abendessen	600
Hausaufgabenhilfe für 1 3/4 Kinder	300
Begleitservice beim Ausgehen	1.000
Geteilte Rechnung im Nachtclub und Taxi	1.800
Sex	Freibetrag
Kinky Sex Zuschlag	400

Postkoitale Beratung	150
Managementgebühr	300
Zwischensumme	5.040
Mehrwertsteuer 25 %	1.260
Gesamtsumme	6.300

Kinder

Die gesetzlich festgelegte Elternzeit beträgt 16 Monate, die die Eltern nach eigenen Wünschen verteilen können. Da fast alle Paare parallele Karrieren haben, bleibt es ihnen überlassen, wer zu Hause bei dem Neugeborenen bleibt, weshalb schwedische Männer im Win-

》 Schwedische Männer sind im Windeln wechseln recht versiert.

deln wechseln recht versiert sind. Zusätzlich kann sich eine Mutter, die früh zu ihrer Arbeit zurückkehren möchte, mit dem Rest ihrer Elternzeit bis zum achten Geburtstag ihres Kindes Zeit lassen.

Während Mütter in südlichen Ländern ihren Kindern vielleicht mal einen Klaps geben, um sie bald danach wieder zu umarmen und zu küssen, verabscheuen schwedische Eltern Widersprüchlichkeiten in der Erziehung ihrer Sprösslinge. Ohnehin ist es in Schweden gesetzlich verboten Kinder zu schlagen – auch die eigenen. Unzweideutiger Strafmittel beraubt, erlauben schwedische Eltern ihren Kindern zu wachsen ohne wesentlich eingeschränkt zu werden. Danach fangen die Kindertagesstätten und die Schulen diese kleinen Strolche auf und machen aus ihnen höchst unabhängige Halbwüchsige.

Die Senioren

Zu Wikingerzeiten gab es neben Feigheit keine größere Schande für einen Krieger, als jede Schlacht zu überleben und an Altersschwäche im eigenen Bett zu sterben. Wenn er allerdings das Glück hatte, zwei Söhne zu haben, dann konnte er seine Ehre retten, indem diese ihn über den Rand einer Klippe stießen. Die Klippe war bekannt unter dem Namen *ättestupa* oder Ahnenabgrund – vielleicht ist das ganze auch nur eine Legende.

Jedenfalls werden die älteren Mitbürger heutzutage mitfühlender behandelt. Trotzdem führt die niedrige Geburtenrate in Kombination mit einer hohen Lebenserwartung (84 Jahre bei Frauen, 81 bei Männern) zu einer kopflastigen Gesellschaft mit vielen Sorgenfalten, von denen eine das Rentensystem betrifft. Wer auch immer den Rentnern des Landes 60 % ihres höchsten Gehalts versprochen hat, muss ein schlechter Mathematiker gewesen sein oder wirklich einen Groll gegen die Nachwelt gehegt haben, die jetzt dafür aufkommen muss. Wie in vielen westlichen Ländern muss die immer größer werdende Zahl der schwedischen Rentner von einer stetig schrumpfenden Arbeitsbevölkerung getragen werden, so dass der Ahnenabgrund möglicherweise bald wieder populär werden könnte.

>> **Wie in vielen westlichen Ländern muss die immer größer werdende Zahl der schwedischen Rentner von einer stetig schrumpfenden Arbeitsbevölkerung getragen werden.**

Tiere

Die Schweden sind nicht so vernarrt in ihre Tiere wie etwa britische Rattenliebhaber oder deutsche Sammler von tropischen Schlangen. Tiere in Schweden dienen der Verpflegung und haben zudem eine soziale Funktion, aber der Selbsterhaltungstrieb hindert die Schweden daran, sie nachzuahmen.

In den Wäldern herumzuwandern und genauso verbissen auszusehen wie ein Elch, führt während der Jagdsaison garantiert dazu, dass man erschossen wird. Schwedische Jäger zielen auf alles mit vier Beinen, selbst wenn es sich um nebeneinander hergehende Paare beim Pilze sammeln handelt.

>> **Schwedische Jäger zielen auf alles mit vier Beinen, selbst wenn es sich um nebeneinander hergehende Paare beim Pilze sammeln handelt.**

Auto fahren

Auch ein enorm entnervter schwedischer Fahrer wird normalerweise Bussen, die herausfahren wollen, Vorfahrt gewähren oder ältere Damen die andere Straßenseite erreichen lassen, bevor er seinen Motor aufheulen lässt. Doch von Zeit zu Zeit tauen diese emotionellen Eiszapfen hinter dem Steuer etwas auf – genauer gesagt: zweimal pro Woche. Freitagnachmittags verlassen sie Punkt vier Uhr ihren Schreibtisch, springen in ihren Volvo und schlängeln sich mit untypischer Unbarmherzigkeit durch den Feierabendverkehr. Einmal daheim packen sie zwei Paar von allem ein, füllen die Kühlbox mit Essen, geben den Blumen Wasser, stellen den HD-Recorder des Fernsehers ein, wechseln die Nachricht auf dem Anrufbeantworter, schließen die Haustür dreimal ab und stürzen sich in ein Verkehrsgewühl, das die Fifth Avenue wie eine Dorfstraße aussehen lässt. Das ist der Moment, an dem die Svenssons zu ihren Ferienhäusern aufbrechen, um sich zu erholen. Das Ganze wiederholt sich in umgekehrter Richtung dann am Sonntagabend.

>> **Wenn Schweden einander grüßen, weiß man nicht, ob sie kommen oder gehen.**

Im Verlauf dieser zweistündigen Pilgerfahrten zu Mutter Natur fließt mehr schwedisches Adrenalin als während der gesamten Arbeitswoche.

Umgangsformen

Begrüßung

Der informelle schwedische Gruß *tjänare* (wörtlich „Diener") soll ausdrücken „Ich bin Ihr ergebener Diener", aber der dazugehörige kräftige Händedruck und Schlag auf den Rücken vertreibt jäh jeglichen Eindruck von Dienstbarkeit.

Wenn Schweden einander grüßen, weiß man nicht, ob sie kommen oder gehen. Der häufigste Gruß ist *hej* („Hallo"), was sowohl zur Begrüßung als auch zum Abschied verwendet wird. Die Schweden denken, dass die englische Übersetzung von *hej* „Hi!" ist; wenn also eine schwedische Frau beim Gehen ihrem ausländischen Lover nach einer Nacht voller Glückseligkeit ein „Hi!" zuwirft, dann bekommt dieser für einen Moment Herzflattern, weil er annimmt, sie möchte noch einmal von vorne anfangen.

In der Schlange stehen

Besucher wundern sich oft darüber, dass es in Schweden kein Schlangestehen gibt. In Banken, Apotheken, Bäckereien und diversen Geschäften laufen Leute mit ausdruckslosen Gesichtern ziellos umher, als ob sie versuchen sich zu erinnern, wo sie eigentlich sind. Von Zeit zu Zeit erklingt das laute Summen einer Nummernanzeige. Dies veranlasst alle Kunden, die Nummer mit einer Art Lotterielos in ihrer Hand zu vergleichen. Der Gewinner ist als nächstes an der Reihe.

Wer vom Eingang direkt auf die Theke zustrebt, wird von den wartenden Kunden weder beleidigt noch angegriffen, er wird ganz einfach nicht bedient.

Gastfreundschaft

Schweden sind stolz auf ihre *äkta svensk gästfrihet* (echte schwedische Gastfreundschaft) und tatsächlich neigen Schweden dazu, einander großzügiger zu bewirten als Bewohner anderer Länder der nördlichen Halbkugel.

》Schweden neigen dazu, einander großzügig zu bewirten.

Ein Gast, der nachmittags zum Kaffee eingeladen ist, wird mindestens mit einer Auswahl verschiedener Kuchen und Kekse verwöhnt. Eine Einladung am Abend bietet wahrscheinlich ein Mahl, das mehrere Michelin-Sterne wert ist. Es ist für schwedische Gastgeber eine Frage der Ehre, dafür zu sorgen, dass ein Gast auf gar keinen Fall ohne verstopfte Blutgefäße den Tisch verlässt.

Eingeladen zu einem richtigen schwedischen Essen wird sich ein ausländischer Gast über das Fehlen von Appetitanregern wundern. Es kann sehr gut sein, dass es keine Cocktails, keine Snacks, nicht mal einen Schluck Wodka mit einem Bissen fermentierten Herings gibt, um die Geschmacks- und Geruchsnerven anzuregen. Stattdessen wird der Gast zum Esstisch geschleppt, wo ohne weitere Umstände der Hauptgang aufgetragen wird – so wie Sex ohne Vorspiel.

Die Schweden benehmen sich, als ob es keine größere Ehre gäbe als die Rolle des Gastgebers. Wenn Sie sie zu sich nach Hause zum Übernachten einladen, werden sie gnädig annehmen und so lange bleiben, wie es braucht, um der Einladung Ehre anzutun, was zwischen drei Wochen und sechs Monaten dauern kann. Wenn die Zeit gekommen ist, da Sie Ihre Freunde in Schweden besuchen, werden diese Sie wahrscheinlich mit einem Willkommensmahl in Ihrem Hotel empfangen. Auf Ihre Kosten. Sie gehen davon aus, dass, wenn Sie sich ein schwedisches Hotel leisten können, Sie ohnehin Ihre Spesen absetzen können, also warum sollte man Ihnen das Privileg nehmen, noch einmal den Gastgeber zu spielen?

> **›› Die Schweden benehmen sich, als ob es keine größere Ehre gäbe als die Rolle des Gastgebers.**

Wenn man unbedingt meint, die Rollen tauschen zu müssen, dann taucht man am besten unangemeldet bei seinen Freunden zu Hause auf, mit einem Koffer in jeder Hand. Natürlich würden sie sich durch ihre Ehre gebunden fühlen, Sie in ihrem Heim unterzubringen. Man kann sich eines der Stockbetten im Kinderzimmer aussuchen und gleichzeitig bekommt man jede Menge Tipps, wie man mit dem Bus in die Innenstadt kommt. Aber es würde ihren Freunden nicht im Traum einfallen, Sie mit leerem Magen wegzuschicken. Ihre erste Mahlzeit wird wahrscheinlich etwas Besonderes wie roher Fisch sein. Dann werden ihre Freunde Sie darüber ausfragen, wann Sie wieder abreisen.

Die schwedische Art von Gastfreundschaft mag wenig großzügig erscheinen. Es ist wahr, dass es in den meisten westlichen Kulturen eine stillschweigende Übereinkunft gibt, dass die Beziehung zwischen Gast und Gastgeber eine wechselseitige sein sollte. Doch während andere diese aufwändig mit blumigen Phrasen ausschmücken („Du musst uns auf jeden Fall mal besuchen kommen!" oder „Du willst uns doch wohl nicht schon wieder verlassen!"), stecken die Schweden die Grenzen ihrer Gastfreundschaft in glasklaren Bedingungen ab. Sie gehen davon aus, dass man dasselbe tut.

》》 Wenn man Schweden sagt, dass sie jederzeit vorbeikommen können, dann werden sie genau das tun.

Wenn man Schweden also sagt, dass sie jederzeit vorbeikommen können, dann werden sie genau das tun. Wenn man protestiert, dass sie viel zu früh wieder gehen, dann werden sie dableiben, um einem Gesellschaft zu leisten. Für die Schweden ist die Welt klar und eindeutig.

Konversation & Gestik

Das Tabuthema

Die Schweden halten sich für die aufgeschlossensten Leute der Erde. Sie prahlen damit, dass man nur in Schweden die Freiheit hat, absolut alles, sei es Sex, Geld, Inzest oder Euthanasie, zu diskutieren. Das trifft auf eine ganze Reihe von Themen zu, aber eines ist tabu: Klischees über andere Völker (außer über die Norweger) sollten eindeutig vermieden werden.

Einwanderer lieben es, sich über Schweden zu beklagen – über das Klima, die Steuern und die Unnahbarkeit der Einheimischen – und behaupten, sie könnten es kaum erwarten, wieder wegzugehen. Die Schweden finden diese Haltung recht hartherzig. Wenn allerdings die Schweden selbst genau dieselben Beschwerden äußern, nicken alle zustimmend. Besonders wenig übrig haben sie für Ausländer, die versuchen Witze über sie zu machen, zum Beispiel: „Was haben die Schweden, was die Norweger nicht haben? – Gute Nachbarn." Da kann man sicher sein, dass man nie wieder eingeladen wird.

>> **Klischees über andere Völker (außer über die Norweger) sollten eindeutig vermieden werden.**

Körpersprache

Linguisten, Sozialanthropologen und Pornografen sind sich darüber einig, dass Körpersprache 80 % der Kommunikation zwischen den meisten Menschen ausmacht. Trotz aller Fremdsprachenkenntnisse bestechen die Schweden nicht gerade durch Körpersprache, was bedeutet, dass bis zu 80 % jeglicher Kommunikation an ihnen vorbeigehen kann. Ausländische Akademiker, die an schwedischen Universitäten Vorlesungen halten, beklagen sich darüber, dass sie durch das Fehlen der Körpersprache absolut keine Ahnung haben, ob die Studenten wenigstens die restlichen 20 % aufgenommen haben.

Stellt man einem Schweden eine Frage, wird man als Antwort oft ein „Äh?" bekommen. Das trägt ihnen den Ruf ein, reserviert und unbeteiligt zu sein. Doch Außenstehende verstehen nicht, dass „Äh?" den strategischen Vorteil nutzt, den eine Gegenfrage bietet. Indem man den Fragesteller dazu zwingt, die Frage neu zu formulieren, spielt der schwedische Befragte auf Zeit, um deren Dimensionen einzuschätzen.

>> **Schwedische Konferenzjunkies werden in Präsentationsseminare geschickt, auch um zu lernen, was sie mit ihren Gliedmaßen anfangen sollen.**

Enthielt sie eine versteckte Bedeutung? Oder, Gott bewahre, Humor? Hinter der Fassade wimpernzuckenden Nichtbegreifens beherzigen die Schweden lediglich die Maxime „Denk nach, bevor du sprichst" oder wie die Schweden es ausdrücken würden: „Blinzle, bevor du blökst."

Schwedische Konferenzjunkies werden in Präsentationsseminare geschickt, auch um zu lernen, was sie mit ihren Gliedmaßen anfangen sollen. Die Arme zu kreuzen gilt als unpassend (zu defensiv), genau wie die Arme in die Hüften zu stemmen (zu aggressiv) oder seine Hände in den Hosentaschen zu verstecken (zu zweideutig). Bei denen, die es endlich verstanden haben, geht der Vortrag einher mit unpassenden Verrenkungen, die man eher vom indonesischen Volkstanz kennt.

Anredeformen

Das Schwedische, wie viele andere Sprachen, ermöglicht den Sprechern den sozialen Abstand zu definieren, indem man die höfliche Form *Ni* oder das informelle *Du* verwendet. Als die Leute anfingen, Autos zu kaufen und Unfälle normal wur-

》Um 1970 fingen die Schweden entsprechend der neuen Gleichheitswelle an, das „Du" für jedermann zu verwenden.

den, war „*Ni*" begleitet von einem erhobenen Zeigefinger das vorherrschende Mittel, jemanden zu beleidigen. Das ehemals höfliche Pronomen entwickelte nach und nach eine aggressive Bedeutung und wurde in den 1950er und 1960er Jahren vermieden.

Doch die Leute mussten auch weiterhin miteinander reden, auch mit Distanz. Das wurde erreicht, indem man einander in der dritten Person ansprach oder seine Zuflucht suchte in verschachtelten, passiven Sätzen. Beispielsweise wurde aus der Frage: „Fahren Sie dieses Jahr nicht nach Spanien?" „Wird es nicht Spanien werden dieses Jahr?" (Was höchstwahrscheinlich zu der Antwort führte: „Nein, das war letztes Jahr. Dieses Jahr fahren wir nicht nach Italien.")

Um 1970 hatten die Schweden genug von dieser satzbautechnischen Selbstfolter und entsprechend der neuen Gleichheitswelle fingen sie an, das „*Du*" für jedermann zu verwenden. Allerdings konnten sich die älteren Bürger nie an die sofortige Kameradschaftlichkeit gewöhnen und behandelten „*Du*"-Nutzer mit Geringschätzung. Ende der 1980er, als der Enthusiasmus für Gleichheit abnahm, erlebte „*Ni*" ein Comeback, geläutert durch die fortgeschrittene Zeit und eine Abnahme der Zahl der Verkehrsunfälle.

Flüche

In Anbetracht des agnostischen Naturells der Schweden mag es überraschen, dass die kraftvollsten Schimpfwörter mit Himmel und Hölle statt mit Fäkalsprache oder anatomischen Begriffen zu tun haben. Die Schweden sind noch immer überzeugt, dass nur dann alles verkehrt läuft, wenn sich Dämo-

❯❯ In Anbetracht des agnostischen Naturells der Schweden mag es überraschen, dass die kraftvollsten Schimpfwörter mit Himmel und Hölle zu tun haben.

nen aus der Unterwelt dazu entscheiden, sich einzumischen; sie laut anzurufen ist ein bewährtes lutherisches Mittel, sie zurück ins Fegefeuer zu schicken.

Fixe Ideen

Natur

Kindheitserinnerungen an vergangene Sommer sind besonders stark mit Gefühlen behaftet. Dies hat mit dem Geschmack wilder Erdbeeren und dem Duft frisch gemähten Grases zu tun, bei Sonnenaufgang im Bett den Kuckuck zu hören, Krebse mit Fischköpfen an einer Schnur zu fangen, und Fischern zuzusehen, wie sie ihre Boote teeren.

Die Schweden sind die weltgrößten Naturliebhaber und werden darüber palavern bis zum Abwinken. Es gibt endlose Wälder, in denen Familien Pilze suchen und Beeren sammeln, während sie sich gegen Mückenschwärme zur Wehr setzen. Einzelgänger lieben es, in ihren

>> **Beim Herumschweifen in der Natur genießen die Schweden das uralte allemansrätten (Jedermannsrecht).**

Kanus durch die 100.000 unberührten Seen zu paddeln, und Naturburschen gehen auf Cross-Country-Skifahrten in den Bergen Lapplands, wo die Stille so vollkommen ist, dass man die innersten Gedanken seiner Begleiter hören kann – was als mildernde Umstände in vielen schwedischen Mordprozessen gewertet wird.

Beim Herumschweifen in der Natur genießen die Schweden das uralte *allemansrätten* (Jedermannsrecht), das Naturliebhabern erlaubt, frei über privates Eigentum zu wandern, ohne Strafverfolgung befürchten zu müssen. Dieses Recht schließt das Pflücken von Blumen, Pilzen und Beeren mit ein, solange nichts zerstört und niemand gestört wird. Schilder wie „Kein Durchgang!" und „Zutritt verboten!" sind sehr ungewöhnlich.

Schweden mögen ihre natürliche Blässe nicht – sie empfinden sie als ein Zeichen schlechter Gesundheit. Im Frühling, wenn die Sonne herauskommt und die Temperaturen über den Gefrierpunkt steigen, tauchen sie aus ihren Arbeitsstellen, Apartments und Ferienhäusern auf, um die Basis für ihre jährliche Sonnenbräune zu legen. In den Städten kämpfen Shopper und Büroangestellte um die Plätze auf den Parkbänken und Bushaltestellen, um ihren Anteil an den zarten Sonnenstrahlen zu erhaschen. Auf dem Land recken sich weiße Gesichter in die Höhe, um den Verlauf der Sonne am Himmel zu verfolgen.

> **Im Frühling, wenn die Sonne herauskommt, tauchen die Schweden aus ihren Arbeitsstellen, Apartments und Ferienhäusern auf.**

Im Sommer eilen die Menschen, wenn das Wetter es zulässt, an die Küste und entkleiden sich vollständig, um im Wasser und Sonnenlicht zu baden. Der Stockholmer Schärengarten mit seinen 25.000 meist unbewohnten Inseln ist die ultimative Erfahrung für Naturfanatiker. Den Sommer über kämpfen zehntausende Motorjachten und Segelboote um die schmalste Meerenge, die üppigsten Flussarme und die kahlsten Felsen. Hier spielen die Kinder Robinson Crusoe, während die Eltern kinderloses Paar spielen. Die größeren Inseln mit ihren Apfelbäumen und giftigen Schlangen inspirieren Jugendliche, das Alte Testament nachzuspielen. Und alle saugen das Sonnenlicht auf, bis die Sonne vollständig leergesaugt ist und erneut für weitere Monate hinter dem Horizont zusammenbricht.

Mit der Ankunft des Herbstes treiben die rapide fallenden Temperaturen die Sonnenanbeter in die Saunen, wo sich die gebräunten Hintern derjenigen, die ihre Ferien in Schweden verbracht haben, von den bleichen Hintern derer unterscheiden, die im Ausland waren.

Wenn der Winter kommt und das Meer zufriert, überlassen die Festlandtouristen die Inseln wieder dem ansässigen Kern von 6.000 abgehärteten Schärenbewohnern. Ein Tourist fragte einmal eine Gruppe von Inselbewohnern, wie sie da

>> **Die Schweden haben einen Traum: die Natur vor dem Menschen zu retten.**

draußen auf den Schären die Langeweile bekämpfen. „Also", meinte einer der Inselbewohner, „im Sommer pflanzen wir uns fort und fischen. Aber im Winter können wir nicht fischen gehen."

Umweltschutz

Die Schweden haben einen Traum: die Natur vor dem Menschen zu retten. Das ist mehr als eine Vision – es kommt einer Leidenschaft so nah, wie es bei Schweden eben möglich ist.

Zeitschriften, die einst ihre Berichterstattung der Eroberung des Weltraums widmeten, berichten fast ausschließlich über Recycling. Neben IKEA ist Tetra Pak eine der größten Erfolgsgeschichten der schwedischen Wirtschaft und sie hat einen ökologischen Haken: Alles begann 1952, als zwei Industrielle eine Milchverpackung in der Form eines Tetraeders erfanden. Die Idee war, eine Verpackung zu produzieren, die die guten Dinge bewahrte, schlechte Dinge draußen hielt und gleichzeitig nur einen minimalen Energie- und Rohmaterialienbedarf erforderte. Die Geometrie dieser Schachtel machte sie zu einem schwierigen Gefährten im Kühlschrank und so machte sie bald Platz für die klassische, beliebte Kastenform, den Tetra Brik. Über 150 Milliarden Schachteln für Milch, Säfte und Suppen werden jedes Jahr in 170 Ländern hergestellt. Die Folgen für die Umwelt, wenn diese weggeworfen werden, sind unklar.

» Das Mantra der schwedischen Umweltschützer heißt: „Die Erde gehört uns nicht – wir haben sie von unseren Kindern nur geliehen."

Das Mantra der schwedischen Umweltschützer heißt: „Die Erde gehört uns nicht – wir haben sie von unseren Kindern nur geliehen." Schweden hat sich mit hochentwickelten seismischen und Strahlungssensoren ausgerüstet, um ökologische Vergehen im Ausland überwachen zu können.

Als das Potential zur Stromgewinnung durch Wasserkraft der meisten heimischen Flüsse ausgemolken war, begann die Regierung ein ambitioniertes Programm zum Bau von Kernreaktoren. Doch die tragischen Unfälle in Tschernobyl und Three Mile Island leiteten einen Sinneswandel ein und ein Referendum führte zu dem Ergebnis, dass alle Reaktoren zum „nächstmöglichen Zeitpunkt" geschlossen werden sollten. Allerdings verschiebt sich dieser „nächstmögliche" Zeitpunkt wegen der enttäuschenden Leistung von Solar- und Windkraftanlagen in Kombination mit einer strengen Gesetzgebung gegen den Ausstoß von Emissionen aus fossilen Brennstoffen immer weiter in die Zukunft.

Hersteller verpackter Waren verschwenden keine Tinte, um die Vorzüge des Inhalts anzupreisen. Schwedische Verbraucher lassen sich eher von einem Produkt überzeugen, wenn man ihnen versichert, dass die Tinte biologisch abbaubar und die Schachtel aus recyceltem Karton hergestellt ist.

>> **Das Besondere am schwedischen Humor ist, dass Ausländer ewig auf die Pointe warten.**

In ähnlicher Weise garantieren die Umschläge schwedischer Taschenbücher, dass das Papier aus reinem Zellstoff ohne die Zufügung umweltschädlicher Substanzen hergestellt ist. Das hilft noch verbliebene Berührungsängste zu vermindern.

Das landesweit übliche Toilettenpapier ist hochgradig recycelt und erinnert an Schmirgelpapier mit 60er Körnung.

Sinn für Humor

Das Besondere am schwedischen Humor ist, dass Ausländer ewig auf die Pointe warten. Man stelle sich zum Beispiel zwei schwedische Herren vor, die in einem Restaurant zu Mittag essen. Einer von ihnen zeigt mit dem Kinn in Richtung eines Mannes, der allein an einem anderen Tisch sitzt.

„Ist das nicht Fingal Olsson, der dort sitzt?"
„Nein, der ist tot."
„Aber ich habe gesehen, dass er sich gerade bewegt hat!"

So unglaublich das scheinen mag, aber der Komiker Martin Ljung brachte die gesamte Nation dazu, sich vor Lachen auf dem Boden zu krümmen, wenn er auf der Bühne oder im Fernsehen diesen Witz immer und immer wieder wiederholte und jedes Mal ein anderes Wort betonte.

Andere Nationen haben Spaß an Übertreibungen und Widersprüchlichkeiten, die Schweden lachen sich über das Absurde kaputt. Beispielsweise finden sie es zum Brüllen, dass Ausländer denken, dass sie keinen Humor hätten.

Die Schweden machen sich mit Vorliebe über die Norweger lustig. Es heißt, dass die schwedische Polizei einen Kriminellen suchte, von dem man vermutete, dass er nach Norwegen geflohen war. Sie forderten von ihren norwegischen Kollegen dessen Festnahme und Auslieferung und lieferten ihnen Fahndungsfotos von der rechten Seite, der linken Seite und frontal von vorne aufgenommen. Nach ein paar Tagen rief die Osloer Polizei an und berichtete: „Wir haben den Mann auf der rechten Seite und den auf der linken festgenommen. Jetzt suchen wir nur noch den in der Mitte."

>> Die Schweden machen sich mit Vorliebe über die Norweger lustig.

Die Tatsache, dass in Norwegen die absolut gleichen Witze über die Schweden erzählt werden, unterstreicht die ansteckende Wirkung schwedischen Humors.

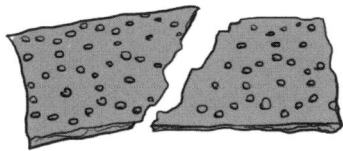

Essen & Trinken

Schwedische Küche

Man stelle einem Ausländer die Frage, was er oder sie über Schweden weiß, dann wird die Antwort etwas sein wie Björn Borg, Volvo, Saab, IKEA, Uhren und roher Fisch. Unglücklicherweise ist Borg nach Monaco umgezogen, Volvo wurde von einer Reihe ausländischer Autohersteller übernommen, Saab ist bankrott, IKEA ist auf den Niederländischen Antillen registriert und Uhren werden in der Schweiz hergestellt, nicht in Schweden. Also bleibt nur der rohe Fisch. Dieser landet auf dem Tisch in der Form eingelegten Ostseeherings und bildet das Herzstück eines schwedischen

> **» Fisch in der Form von eingelegtem Ostseehering bildet das Herzstück eines schwedischen smörgåsbord.**

smörgåsbord, einem einzigartigen Schlemmerfest, bei dem Fisch und Meeresfrüchte, Salate, Aufschnitt und Käse um die Aufmerksamkeit der Feinschmecker wetteifern. Außerdem kann man normalerweise köstliche Fleischbällchen und einen Auflauf aus Anchovisfilets und überbackenen Kartoffeln, genannt *Janssons frestelse* oder Janssons Versuchung, finden.

Ausländische Besucher, die das Frühstücksbuffet in schwedischen Hotels genießen, sind oft entsetzt darüber, den eingelegten Hering neben den Cornflakes zu finden. Leute, für die das Frühstück ein Fest voller Kohlenhydrate und Cholesterin ist, verschmähen schlappe Fische, die kopfüber im Essig treiben. Umgekehrt erbleichen die Schweden bei Orientalen, die Salz auf ihre Grapefruit streuen oder wenn Amerikaner Ahornsirup über ihren Speck gießen, daher sollte man über rohen Fisch nicht die Nase rümpfen.

Viel Schlimmeres für Nicht-Schweden gibt es in der Form eines speziellen Heringgerichts, das bei Nicht-Eingeweihten regelrechte Erstickungsanfälle auslöst. Es heißt *surströmming* und ist eine altehrwürdige, schwedische Delikatesse. Das Rezept ist einfach: Frische Heringfilets werden in Fässern verschlossen, wo sie einige Monate fermentieren. Danach werden sie in Metalldosen umgefüllt, wo der Fermentierungsprozess weitergeht. Durch den Druck der anschwellenden Fische fangen die Büchsen an sich aufzuwölben. Wenn sie dann die Form einer Handgranate angenommen haben, werden die

>> **Knäckebröd sieht aus wie rechteckige Stücke aus dünner, brauner Faserplatte und schmeckt wie unverarbeitete Zellulose.**

Büchsen geöffnet und die Filets auf Armlänge entfernt herausgenommen, zusammen mit dünnen Scheiben von Kartoffelbrot aufgerollt, zu sich genommen und mit einem Schluck Aquavit hinuntergespült.

Das am häufigsten gegessene Brot ist *knäckebröd,* das aussieht wie rechteckige Stücke aus dünner, brauner Faserplatte und schmeckt wie unverarbeitete Zellulose. Im Ausland nachgemachtes Knäckebrot basiert meistens auf dem original schwedischen Rezept – es ist so brüchig dass es auf dem Teller zerbröselt, wenn man Butter darauf streicht. Daher die schwedische Angewohnheit, es zum Bestreichen in der Hand zu halten.

Fremde, die zum ersten Mal in einen schwedischen Supermarkt kommen, wundern sich über die große Auswahl an Zahnpastatuben, die sich ins Regal mit den Milcherzeugnissen verirrt haben. Sie nehmen an, dass deren Aufkleber mit Kühen, Fischen, Garnelen oder glücklichen Kindern die schwedischen Kinder zum Zähneputzen animieren sollen. Man kann sich vorstellen, wie überrascht sie dann sind, wenn sie eine Tube mit nach Hause bringen, den Inhalt auf ihre Zahnbürste drücken und feststellen, dass es Kaviar, Mayonnaise, Senf, Ketchup, Meerrettich, Thunfischpaté oder Frischkäse mit Garnelen- oder Pilzstückchen ist. Doch dieser Irrsinn hat Methode, denn durch das Ausdrücken von Tuben statt des Bestreichens aus Gläsern haben die Schweden die schwierige Technik, einen gleichmäßigen Belag auf ihrem *knäckebröd* zu erreichen, perfektioniert.

>> Wer wissen möchte, was die Schweden wirklich bewegt, braucht nicht weiter zu suchen: Es ist Kaffee.

Wer wissen möchte, was die Schweden wirklich bewegt, braucht nicht weiter zu suchen: Es ist Kaffee. Ein Kaffee-Embargo würde das Land innerhalb weniger Tage zum Stillstand bringen. Kaffee ist der einzige Grund am Morgen aufzustehen und die angemessene Belohnung nach jeder lästigen Pflicht des Tages. Ein Abendessen ohne Kaffee wäre undenkbar.

Ein schwedisches Kaffeekränzchen ist eine geräuschvolle Angelegenheit, ein unbekümmertes Schlemmen unverschämt teurer Köstlichkeiten aus der Konditorei. Die Kuchen sind dekoriert mit grünem Marzipan oder Mandelscheiben („Zehennägeln"), während die Teilchen einen Klecks Vanille oder Erdbeermarmelade in der Mitte haben („Großmutters Husten"). Kekse in den Kaffee zu tunken gehört sich nicht, aber es wird trotzdem gemacht, während man sich dafür entschuldigt. Krümel, die hineinfallen, werden systematisch aufgespürt und mit dem Löffel gerettet.

Trinken

Es wird oft behauptet, dass die Schweden ein Alkoholproblem hätten. Diese pauschale Verallgemeinerung scheint von der Beobachtung zu kommen, dass schwedische Fußgänger sich manchmal an Laternenpfählen festklammern und schwedische Pauschaltouristen gelegentlich auf einer Krankenbahre das Schiff verlassen müssen. Doch offiziellen Angaben

>> **Offiziellen Angaben zufolge konsumieren die Schweden weniger Alkohol als die meisten anderen Nationen der Europäischen Union.**

zufolge konsumieren die Schweden weniger Alkohol als die meisten anderen Nationen der Europäischen Union (weniger als 5 Liter pro Jahr, umgerechnet in reinen Alkohol, im Vergleich zu mehr als 11 Litern in Frankreich und Portugal).

Aber es ist wahr, dass die schwedischen Elche Alkoholprobleme haben. „Es ist nicht ungewöhnlich, dass Elche betrunken sind", gab ein Förster zu. „Sie erkennen den Unterschied zwischen vergorenen und nicht-vergorenen Äpfeln nicht." Eine feucht-fröhliche Elchparty belagerte ein Altenheim und die Elche torkelten letztendlich erst zurück in den Wald, als mit Gewehren bewaffnete Jäger an Ort und Stelle ankamen.

Drastische Strafen werden an alle verhängt, die auch nur mit einem Hauch von Alkohol im Blut beim Fahren erwischt werden. Ein glückloser Fahrer, der ins Röhrchen blasen musste, nachdem er gerade eine mit Rum gefüllte Praline gegessen hatte, wurde als positiv eingestuft und ins Polizeilabor für Bluttests abgeführt. Die Tests zeigten keine Spur von Alkohol und der Fahrer wurde entlassen, doch nur nachdem er sich bereit erklärt hatte, die Tests sowie eine Strafe für die Verschwendung von Polizeizeit zu bezahlen.

Der effektivste Hinderungsgrund für Alkoholkonsum in Schweden ist das Staatsmonopol auf dessen Verkauf. Die Monopolläden, *Systembolaget* genannt, widersprechen EU-Recht, weil der Verkauf von Alkohol auf die eigenen Geschäftsräume begrenzt wird. Verkaufsstellen sind äußerst dünn gesät und Bürger, denen es gelingt, eine zu finden, müssen für alles, das stärker ist als Wein, exorbitante Preise bezahlen.

》 Der effektivste Hinderungsgrund für Alkoholkonsum in Schweden ist das Staatsmonopol auf dessen Verkauf.

Aufeinanderfolgende, von der Abstinenzbewegung inspirierte Regierungen förderten bemerkenswert unvereinbare Haltungen zum Alkohol unter den Schweden, nämlich, dass Trinken gut oder schlecht ist, richtig oder falsch, aber dazwischen gibt es nichts. Daher konsumiert ein Großteil der schwedischen Bevölkerung überhaupt keine Spirituosen, während der sehr laute und gut sichtbare Rest der strikten Ansicht ist, dass ein Korken, der einmal herausgezogen wurde, nie mehr die Flasche sehen sollte.

Die Rede nach dem Essen

Die hohen Kosten für ein Essen in einem gehobenen Restaurant zwingen die Schweden, die kein Spesenkonto haben, dazu, sich hauptsächlich zu Hause zu amüsieren.

Unter Traditionalisten ist das kein lockeres Zusammensein für einen Snack am Abend. Die Gastgeber verbringen den ganzen Tag mit Kochen und Aufräumen und es klingelt exakt zur ausgemachten Zeit an der Tür. Die Gäste stehen in einer Reihe vor der Tür, manche sind fünf Mal um den Block gefahren, weil sie zu früh dran waren, andere kommen mit dem Taxi, um zu vermeiden, dass sie auf dem Heimweg in eine Alkoholkontrolle geraten. Alle bringen ein Geschenk mit. Wer Blumen schenkt, packt diese aus, bevor er sie der Gastgeberin überreicht und wirft dem Gastgeber heimlich das Verpackungspapier zu, um es wegzuwerfen.

>> **Beim Arrangieren der Sitzordnung am Esstisch wendet der Gastgeber höhere Mathematik an.**

Beim Arrangieren der Sitzordnung am Esstisch wendet der Gastgeber höhere Mathematik an, um sicherzustellen, dass Frauen und Männer abwechselnd sitzen, dass niemand neben oder gegenüber seiner oder ihrer besseren Hälfte platziert ist und die Gastgeber selbst am oberen und unteren Ende des Tisches einen Platz haben.

Wenn mehr als sieben Gäste eingeladen sind, dann ist die Person, die sich neben der Gastgeberin wiederfindet der *hedersgäst* oder Ehrengast. Das ist der Sitzplatz, vor dem es jedem männlichen Gast graut, der sozialen Verpflichtungen wegen, die diese Rolle mit sich bringt. Denn es gibt keine Ausnahme von dieser Regel: Der *hedersgäst* muss irgendwann zwischen dem Hauptgericht und dem Nachtisch eine Dankesrede für die anderen Gäste halten. Nicht irgendeine x-beliebige Rede, sondern eine humorvolle. Während sich also die anderen Gäste froh über die Suppe und Vorspeisen hermachen, vergeht dem *hedersgäst*

> **Sogar eine einfache Sache, wie den Durst zu löschen, wird bei formellen Dinnerpartys überaus kompliziert.**

der Appetit, während er sich Sorgen über seine Rede macht und in eine tiefe *svårmod* versinkt.

Skål!

Sogar eine einfache Sache, wie den Durst zu löschen, wird bei formellen Dinnerpartys überaus kompliziert, besonders wenn man eine Frau ist. Das erste Glas, das erhoben wird, muss das des Gastgebers sein, der aufsteht und alle willkommen heißt. Dann muss jede Dame, oder *bordsdam,* auf ihren *bordskavaljer,* also den Herrn links von ihr, warten, auf dass er sein Glas erhebt, ihr tief in die Augen schaut und *Skål!* ruft. Und nach all dem sollte eine Frau nur dann trinken, wenn einer der Herren am Tisch sie dazu einlädt, indem er *skål* sagt.

Die Ausnahme bildet die Gastgeberin, die *skål* sagen kann, zu wem sie will, aber nie selbst ange-*skål*-t werden sollte. Aber Regeln sind dazu da gebrochen zu werden, und wenn eine *bordsdam* sich entschließt, alleine zu trinken, informiert sie im Stillen ihren *bordskavaljer* darüber, dass er sie vernachlässigt. Ebenso ist es, wenn ein anderer männlicher Gast dem *bordskavaljer* zuvorkommt, indem er zuerst dessen *bordsdam* zuprostet, eine eindeutige Beleidigung und eine Einladung zu Rivalitäten zwischen zwei Männern. Die Spielchen, die schwedische Leute mit *skål* spielen, kennen keine Grenzen. Den Status eines Schachgroßmeisters zu erreichen ist im Vergleich dazu ein leichtes.

Dinnerparty-Etikette

Hat man es erst einmal in ein schwedisches Haus geschafft, sieht man sich als ausländischer Gast schon dem ersten Dilemma ausgesetzt, nämlich der Frage, was man mit seinen Schuhen machen soll. Als Faustregel gilt, dass man sie in Ortschaften und Dörfern ausziehen sollte,

>> **Während russische Gastgeber einen Korb voller Hausschuhe für Gäste bereithalten, sind ihre schwedischen Kollegen nicht so fürsorglich.**

während man sie in großen Städten anlässt. Während russische Gastgeber einen Korb voller Hausschuhe für Gäste im Haus bereithalten, sind ihre schwedischen Kollegen nicht so fürsorglich. Die Gäste müssen daher selbst ihre eigenen Hausschuhe in einer Tüte, außer der, die das Geschenk enthält, mitbringen, und dürfen diese natürlich nicht verwechseln.

Eine weitere wichtige Gepflogenheit ist, dass die Gastgeberin etwas mehr Essen zubereitet, als die Gäste wahrscheinlich verspeisen werden. Denn es gilt als schlechter Stil, das letzte Stück von Häppchen, Filets, Kuchen oder sonst etwas zu nehmen. Es muss immer etwas auf dem Servierteller übrigbleiben.

Einmal bereitete eine Gastgeberin ein besonders wohl-
schmeckendes Rezept von schwedischen Fleischbällchen zu.
Nachdem die Platte unter den Gästen herumgereicht war,
blieb ein Fleischbällchen übrig. Die Gastgeberin versuchte
ihre Gäste zu überreden, es zu nehmen, doch obwohl alle
sechs sehr in Versuchung waren, lehnten sie es pflichtbewusst
ab. Unterdessen stand der Gastgeber an einem anderen Tisch
und war gerade dabei, für das Dessert Teig in ein elektrisches
Waffeleisen zu gießen. Als er den Stecker in die Steckdose
steckte, fiel die Sicherung aus, wodurch das Esszimmer vollständig im Dunkeln lag. Die da-
rauffolgende Stille wurde plötzlich durch einen markerschüt-
ternden Schrei unterbrochen.
Als der Gastgeber es geschafft

>> **Es gilt als schlechter Stil,
das letzte Stück von Häppchen,
Filets, Kuchen oder sonst etwas
zu nehmen.**

hatte, die Sicherung wieder zurückzusetzen und das Licht
wieder anging, sah man einen Gast, der das letzte Fleischbällchen mit seiner Gabel festhielt. Tief eingegraben in seinen
ausgestreckten Unterarm steckten fünf zuckende Gabeln.

Kultur

Literatur und Theater

Schwedische Belletristik beschäftigt sich mit dem, was man sehen, hören, riechen, schmecken und berühren kann. Sie hat den Anspruch „tiefgründig" und „bedeutungsvoll" zu sein. Und es gelingt ihr. Viele zeitgenössische Autoren scheinen besessen zu sein, Körperflüssigkeiten, sowohl über als auch unter der Gürtellinie, zu beschreiben. Sie bevorzugen eine phantasmagorische Mischung aus experimenteller Logik und Ausscheidungsdreck, die so tiefgründig und bedeutungsvoll ist, dass kein Kritiker, geschweige denn Leser, Kritik daran wagen würde, aus der Furcht heraus, für oberflächlich gehalten zu werden.

>> **Schwedische Belletristik hat den Anspruch „tiefgründig" und „bedeutungsvoll" zu sein.**

Eine Reihe hervorragender Köpfe sind den literarischen Abgründen bis zu einem Punkt entstiegen, an dem sie internationale Anerkennung erhielten. Einer war der Schriftsteller und Dramatiker August Strindberg, der die Moral des 19. Jahrhunderts auf den Kopf stellte, indem er die akzeptierten Normen und Werte, vor allem Ehe und Patriotismus, geißelte. Ebenfalls herausragend war Selma Lagerlöf, deren Bauernknecht Fluggeschichte schrieb, indem er auf dem Rücken einer Gans über ganz Schweden flog.

Unter den schwedischen Schriftstellern des 20. Jahrhunderts waren es Vilhelm Moberg und Sven Delblanc, die ihre Handlungsstränge kunstvoll entwickelten und ihre Romanfiguren in einem kosmopolitischen Milieu platzierten. Beide haben überzeugende Porträts schwedischer Immigranten in Nordamerika gezeichnet – nicht die muskelbepackten Cowboy- oder Goldgräbertypen aus Hollywood, sondern einfache Farmer, die das wenige, was sie besaßen, für sogar noch weniger aufgegeben hatten. Die meisten der anderen etablierten Romanautoren sprechen eine speziell schwedische Vorliebe für beschädigte Charaktere, die in bizarre Aktivitäten und Beziehungen verwickelt sind, an. Einige dieser Antihelden – allen voran Henning Mankells Kommissar Wallander und Stieg Larssons Reporter Blomkvist – sind

> **》 Viele etablierte Romanautoren sprechen eine speziell schwedische Vorliebe für beschädigte Charaktere an.**

soziale Außenseiter mit einem starken Gerechtigkeitssinn. Durch Übersetzungen, Fernsehen und Film haben die Romane in Schweden und weltweit Kultstatus erlangt.

Schwedens dauerhaftester literarischer Erfolg im Ausland ist wahrscheinlich Pippi Langstrumpf, eine starke, sommersprossige Göre mit widerspenstigen Zöpfen, die alleine mit ihrem Pferd und ihrem Äffchen in einer zusammengeschusterten Villa lebt, während ihr Vater, ein Kapitän zur See, unterwegs ist. Da niemand da ist, um sie zu beaufsichtigen, bricht sie zur Freude der anderen Kinder im Dorf und zum Schrecken von deren Eltern jede Regel höflichen Verhaltens. Ihr Haus ist ein Riesendurcheinander. Wenn sie Pfannkuchen macht, muss man die Hälfte davon von der Decke kratzen. Kurzum, Pippi ist der letzte flüchtige Eindruck barfüßiger Unbekümmertheit, der einem schwedischen Kind erlaubt wird, bevor seine Seele in einer Eiszeit von *undfallenhet* und *svårmod* eingeschlossen wird.

Die Presse

Schweden hat als erstes Land der Welt ein Gesetz zur Pressefreiheit erlassen – was in den 1760er Jahren recht fortschrittlich war. Zeitungsredakteuren stand es plötzlich frei, Meinungen unter die Leute zu bringen und von einem neuen Gesetz zur Informationsfreiheit zu profitieren, das ihnen Zugang zu Sitzungsprotokollen und anderen Dokumenten der Regierung und Behörden gewährte. Das Ergebnis waren intensive, uneingeschränkte öffentliche Debatten wie in keinem anderen europäischen Land dieses Ranges, wobei sogar solch hochheilige Themen wie die Machtbefugnisse des Königs und die Privilegien der Aristokratie in Frage gestellt wurden.

》Heutzutage florieren die Abendblätter durch Nicht-Nachrichten.

Heutzutage florieren die Abendblätter durch Nicht-Nachrichten – eine typische Schlagzeile auf der ersten Seite könnte vielleicht ankündigen, dass die Berühmtheiten Ulf und Ulla wieder zusammengefunden haben. Die großen Zeitungen (heute auch im handlichen Format) wie *Dagens Nyheter* und *Svenska Dagbladet* konzentrieren sich auf ernsthafte Themen. Sie widmen Spalte für Spalte der Analyse von politischen Prozessen, Verhandlungstaktiken und anderen Formen des öffentlichen Hickhacks. Der Unterhaltungswert ist begrenzt auf sporadische Versuche, Minister zu stürzen, während Lustiges auf die Cartoonseite verbannt wird.

Eine hervorragende Eigenschaft ist allen schwedischen Zeitungen gemein: Die Seiten sind in der Mittelfalte zusammengeheftet, um deren ärgerliche Gewohnheit durcheinanderzugeraten zu verhindern.

Kino

Schweden hat vieles gemein mit Disney World. Oberflächlich betrachtet scheinen die Leute ein sorgloses Leben in einem märchenhaften Paradies zu führen, aber darunter existiert eine vollständig andere Welt, die den meisten Besuchern verboten ist. In Disney World beherbergen die ausgestreckten, unterirdischen Betriebsanlagen die Maschinerie, die die Requisiten über der Erde in Bewegung versetzt. In Schweden verbirgt sie, was die Schweden mit Leben erfüllt – ihre schwedische Seele.

》Zugang zur schwedischen Seele zu bekommen, kann schwierig sein.

Zugang zur schwedischen Seele zu bekommen, kann schwierig sein. Ihre Nabelschauliteratur bietet wenig Anhaltspunkte und die Nachrichten in den Medien noch viel weniger. Es gibt allerdings einen geheimen Eingang in Form des schwedischen Kinos. Diese Kunstform ist nicht nur das Reich Bergmans, sondern einer ganzen Dynastie talentierter Filmemacher und Schauspieler, die ihre Netze in einem Meer voller Seele und saftiger Regierungssubventionen auswerfen.

Wenn man durch das Eis des Schwedisch-Seins bricht, entdeckt man einen wahren Ozean menschlicher Gefühle, die von paranoider Qual bis zu ungezügelter Heiterkeit reichen, wobei *undfallenhet* und *svårmod* irgendwo in der Mitte schwimmen. Das ist kein gemütlicher Teich, sondern ein aufwühlender Strudel. Es reißt den Zuschauer in einer schwindelerregenden Reise durch Situationen und Beziehungen mit,

die ebenso glaubhaft wie verwirrend und verstörend sind. Wenn dies Schnappschüsse des schwedischen Lebens unter der Oberfläche sind, dann sollte man den Schweden dafür vergeben, dass sie manchmal einigermaßen benommen und niedergeschlagen aussehen. Mit einer solchen Seele, wer braucht da schon Temperament?

>> **Das schwedische Fernsehen bietet den Zuschauern denselben Überfluss an Quizshows und Kochwettbewerben wie das Fernsehen in anderen europäischen Ländern.**

Fernsehen

Das schwedische Fernsehen bietet den Zuschauern denselben Überfluss an Quizshows, Kochwettbewerben, Hausbaukatastrophen und Antiquitätenshows wie das Fernsehen in anderen europäischen Ländern. Einem Ausländer können die Programme trotzdem sehr lustig vorkommen, denn die Bürger, die einen Bericht wert sind und für Interviews ausgewählt werden, sehen chronisch beunruhigt aus, als ob sie mit dem Mikrofon durch einen Stromschlag getötet werden sollen.

An Heiligabend wird das Tagesprogramm von „Kalle Anka ...", einer Kompilation alter Walt-Disney-Trickfilme mit Donald Duck dominiert. Man erwartet, dass jedes Familienmitglied, vom Opa bis zum jüngsten Spross, vor dem Fernseher sitzt und die uralten Zeichentrickfilme schaut, die Generationen von Schweden auswendig können. Wie der Kurator der „Brauchtumsausstellung" des Nordischen Museums in Stockholm bemerkte: „Um 3 Uhr nachmittags kann man nichts anderes machen, weil Schweden geschlossen ist. Also selbst, wenn man es selbst nicht sehen will, kann man niemanden anderen anrufen oder etwas unternehmen, weil niemand etwas mit dir machen wird."

Kunst und Design

Ältere Firmenchefs und Arbeiter mittleren Alters teilen eine Leidenschaft für die schwedischen, realistischen Maler Anders Zorn und Bruno Liljefors, allerdings bevorzugen erstere Originale rein aus Investitionsgründen, während letztere sich mit Reproduktionen begnügen, weil sie schön anzusehen sind.

>> **Schwedisches Design ist hell, freundlich und unverwüstlich; mit anderen Worten, das genaue Gegenteil der schwedischen Seele.**

Die etwas gesetztere schwedische Mittelklasse favorisiert Drucke von Carl Larssons bezaubernden häuslichen Szenen. Er brauchte nicht lange nach Modellen zu suchen. Denn obwohl er eine ärmliche Kindheit erlebte, genoss er eine glückliche Ehe, die acht Kinder hervorbrachte. Die Familie ließ sich in einem eindrucksvollen Haus (heute ein Museum) nieder und schuf das Vorbild für den schwedischen Geschmack in der Kunst und Innenarchitektur, der jedes schwedische Heim und jede IKEA-Niederlassung durchdringt.

Schwedisches Design ist hell, freundlich und unverwüstlich; mit anderen Worten, das genaue Gegenteil der schwedischen Seele. Was logisch ist: Wenn die Menschen die Bürde einer Neigung zur *svårmod* in sich tragen, dann ist das letzte, was sie wollen, ein fein geschnitzter Mahagonischaukelstuhl, der zusammenbricht, wenn sie in ihm zusammensacken. *Svårmod* äußerst sich auch in einem Gefühl von Unsicherheit, weshalb der Volvo wie ein Panzer gebaut ist, mit Airbags an allen Seiten.

Um ihre *svårmod* im Zaum zu halten, umgeben sich die Schweden mit angenehm anzusehenden Formen, seien es dekorierte Fensterrollos, sinnliche Weingläser oder gefärbte Kerzen mit passenden Servietten. IKEA-Märkte sind das Mekka praktischen schwedischen Designs – nicht nur für Möbel, die man selbst zusammenbaut, sondern für alles vom Geschirrtuch bis zur an die Wand montierten Bierdosenpresse.

>> **IKEA-Märkte sind das Mekka praktischen schwedischen Designs.**

Dessen Gründer, Ingvar Kamprad, eröffnete als 24-Jähriger einen Versandhandel, der Weihnachtskarten verkaufte, um seine Landsleute während des Zweiten Weltkriegs aufzumuntern. Eine Zeit lang galt er als der fünftreichste Mensch der Welt. Heutzutage kann er auf mehr als ein halbes Jahrhundert kreativer Herausforderungen zurückblicken, repräsentiert in seinen ungefähr 340 IKEA-Filialen in etwa 40 Ländern – eine Leistung, die er bekanntermaßen nicht mit Champagner, sondern mit einem Glas gekühltem Aquavit zu neuen Dillkartoffeln und einer Scheibe rohem Hering feiert.

Musik

Musik ist ein weiteres Gebiet, auf dem sich die nordischen Länder stark unterscheiden. In Finnland erfasst die martialische Orchestrierung des symphonischen Werks von Sibelius die Heldenhaftigkeit eines Volkes, das aufeinanderfolgende Invasionen von Russen, Deutschen, Wölfen und Stechmücken abwehrt. In Norwegen lobpreist Grieg die Tugenden der Jungfrau auf der Bergspitze, die ihre Kuh melkt, während sie nach ihrem Liebsten verlangt. In Dänemark lässt der Klang Nielsens polyphonischer Dissonanzen Milch zu Camembert gerinnen. Allein die schwedische Musik bietet dem Zuhörer mentale Ruhe, denn sie ruft überhaupt keine Bilder hervor. Hier sind die orchestralen Winde auf eine Ziehharmonika mit Bronchitis, die Streicher auf eine Geige aus dem Takt und die Pauken auf Holzschuhfußstampfen im Dreivierteltakt reduziert.

>> **Allein die schwedische Musik bietet dem Zuhörer mentale Ruhe, denn sie ruft überhaupt keine Bilder hervor.**

Gleichwohl hat das Land mit Jenny Lind, Birgit Nilsson und Abba, den hellsten Sternen am Firmament, einige weltberühmte Musiker hervorgebracht. Abba haben 380 Millionen Platten verkauft und begannen ihren Aufstieg in den 1970er Jahren, als sie den Eurovision Song Contest gewannen. Danach hat Schweden den Wettbewerb noch oft gewonnen – ein glückliches Ergebnis, das eher mit der Wahrscheinlichkeitsrechnung als mit der Musik erklärt werden kann, da die skandinavischen Länder immer einander ihre Stimmen geben – außer Schweden, das sich durchweg für Länder mit null Punkten stark gemacht hat. Und das tut es noch immer. Schließlich muss sich ja jemand für die Underdogs einsetzen, besonders wenn man den Anspruch hat, das Gewissen der Welt zu sein.

Freizeit und Vergnügen

Schweden betreiben Sport als Freizeitbeschäftigung und Sex als Vergnügen. Einige Schweden behandeln Sex als Sportart, um Freizeit und Vergnügen zu kombinieren und so Zeit und Energie zu sparen. Trotz ihrer natürlichen, friedliebenden *undfallenhet* tun sich die Schweden in der brutalsten Sportart nach

>> **Schweden betreiben Sport als Freizeitbeschäftigung und Sex als Vergnügen.**

dem Boxen hervor, nämlich im Eishockey. Die Schweden verteidigen ihre Flagge nicht nur mit gnadenloser Effizienz während internationaler Meisterschaften, sondern sie geben auch gerne den groben Klotz in vielen professionellen nordamerikanischen Eishockeyteams – und das so zahlreich, dass sie häufig aufeinanderprallen, wenn sie dem Puck von gegenüberliegenden Seiten des Spielfelds nachjagen.

Als Björn Borg 1983 die Tenniswelt verließ, inspirierte eine Welle von Borgomanie jede lokale Behörde in Schweden dazu, gut ausgestattete Innen- und Außentennisanlagen zu bauen, die Champions wie Wilander, Edberg und Järryd hervorbrachten. Schwedische Samen gehen noch immer wie Löwenzahn auf Tennisrasenplätzen in der ganzen Welt auf.

Annika Sörenstam zeichnet sich aus als Schwedens größte Golfspielerin aller Zeiten, und Ingemar Stenmark hat auf ähnliche Weise Schwedens Siege auf den internationalen Skipisten inspiriert. Das größte alljährliche Skiereignis in Schweden ist der *Vasaloppet* (Wasalauf), ein 10.000 Mann starker Querfeldein-Marathon, der sich auf einer Strecke von 90 Kilometern von Sälen nach Mora schlängelt. Das Vorbild hierfür ist Gustav Wasa, der sich auf seinen Skiern im Mittelalter auf den Weg machte, um Bauern aus diesem Gebiet für einen Marsch nach Stockholm zu rekrutieren, um die von Ausländern dominierte Regierung zu stürzen.

Radfahren ist fast ebenso populär wie recyceln, mit Enthusiasten jeden Alters, die am jährlichen 300-Kilometer-Rennen um den reizvollen Vättern-See teilnehmen. Ein typisches Bild im Sommer sind ein Ehemann, seine Frau und ihre 1 3/4 Kinder, die mit ihren futuristischen Fahrradhelmen wie eine Formation glücklicher Außerirdischer vorbeiradeln. Die Helme könnten allerdings bald durch eine schwedische Innovation, das *Hövding,* überflüssig gemacht werden. Es basiert auf der Technik von Airbags im Auto und wird wie ein Schal um den Hals getragen. Wenn der eingebaute Computer denkt, dass es einen Unfall geben wird, bläst sich der Schal auf, schützt den Kopf und lässt nur Augen und Nase frei.

Die Schweden sind Weltmeister im Orientierungslauf, einer Form von Philatelie, bei der die Teilnehmer, ausgestattet mit Kompass und Generalstabskarten, den ganzen Tag auf der Suche nach Kontrollstationen, bei denen sie ihren Teilnehmerpass abstempeln lassen können, durch endlose Wälder joggen. Sie sind Experten im Pfadfinden: In Banken und Apotheken sind sie die ersten, die den Nummernautomaten entdecken, der das Schlangestehen vermeidet.

Im Winter machen manche Schweden einen Wettstreit daraus, nackt aus einer heißen Sauna zu rennen und sich im Schnee zu wälzen, bevor sie wieder an ihren dampfenden Zufluchtsort zurückeilen. Die Tapfersten springen in Löcher im Eis. Paradoxerweise verursacht die Kälte in den ersten 30 Sekunden ein brennendes Gefühl, danach schmilzt das Gefühl zusammen auf einen Nachruf in der Zeitung am nächsten Tag.

Die Elchjagd ist ein Initiationssport, der kleine Jungs zu Männern machen soll. Viel öfter aber verwandelt übermäßiger Alkoholkonsum Männer in kleine Jungs, die Gewehre mit sich herumtragen. Da Schüsse auf alles, was sich bewegt, abgefeuert werden, bleiben intelli-

>> **Da die Jäger Schüsse auf alles, was sich bewegt, abfeuern, bleiben intelligente Elche absolut still stehen.**

gente Elche absolut still stehen und schauen mit Verwunderung zu. Vor vielen Jahren war der rapide Schwund der schwedischen Elchpopulation Anlass zu Besorgnis. Im Winter machten sich manchmal Elche auf den Weg übers Eis der Ostsee, um ihre Verwandten in Finnland zu besuchen, nur um dann festzustellen, dass ihnen an allen Seiten durch die Eisbrecher der Weg abgeschnitten wurde. Die Marine schickte Helikopter, um Futter auf den Eisschollen abzuwerfen oder um die gestrandeten Tiere, falls nötig, an Land zu heben. Die Elche zeigten ihre Dankbarkeit, indem sie sich bis zu einem Punkt vermehrten, an dem sie eine wahre Gefahr auf den Straßen darstellten. Heute gibt es etwa 350.000 von ihnen und es passieren pro Tag im Schnitt ca. 10 Zusammenstöße zwischen Elchen und Autos. Genau wie der Flugzeughersteller Saab früher tote Hühner auf die Abdeckungen von Kampfjets feuern ließ, um deren Widerstandskraft gegen einen Zusammenstoß mit Vögeln zu testen, unterzieht Volvo seine neuen Modelle einem Elchtest, um festzustellen, ob diese eine Konfrontation mit einem umherstreifenden Elch aushalten können.

Um zum Grund des Problems vorzudringen, dachten sich die Schweden eine Lösung aus, die alle Merkmale von *lagom* hat. Elche mögen keine Wölfe, also spekulierten die Verkehrssicherheitsleute darauf, dass man die Elche von den Landstraßen

》 Es ist ein Krieg ausgebrochen, in dem Jäger jedes Jahr zehntausende Elche abschießen.

fernhalten könnte, wenn die Straßenränder mit Wolfsurin eingesprüht würden. Leider gibt es nur noch wenige Wölfe in Schweden, weshalb ein synthetischer Ersatzstoff entwickelt werden musste. Die Flüssigkeit wurde in Glasbehältern aufbewahrt, die an Bäumen am Straßenrand aufgehängt waren, und eine Füllmenge sollte genug sein, die Elche neun Monate lang weg von der Straße zu halten.

Das Experiment misslang. Schwedische Elche sind nicht dumm. Sie wissen, dass Wölfe praktisch ausgerottet sind, und dass die übriggebliebenen nicht auf Bäume klettern, um sich zu erleichtern. So ist jetzt ein Krieg ausgebrochen, in dem Jäger jedes Jahr zehntausende Elche abschießen und die Tiere auf den Straßen des Landes Kamikazetaktiken anwenden, um sich zu rächen.

Sex

US-Präsident Eisenhower merkte einmal in einer Rede an, dass es in Nordeuropa ein Land gäbe, dessen moralische Maßstäbe auf ein Allzeittief gesunken seien. Die darauffolgende Lawine amerikanischer Touristen auf schwedischem Boden ließ wenig Zweifel daran, welches Land er gemeint hatte. Die Besucher wurden nicht enttäuscht, denn als Beweis kehrten sie mit Fotos nach Hause zurück, dass Menschen in Schweden nackt schwimmen, wann immer sie sich unbeobachtet fühlen.

Überraschenderweise nehmen sich die Schweden durchaus frei vom Sex, zum Beispiel wenn sie fermentierten Hering essen. Allerdings entspricht es der Wahrheit, dass ihre Haltung zu Sex größtenteils unbelastet ist von Tabus. Die Schweden glauben, wie die Niederländer, an lockeren, natürlichen Sex als einen

>> **Überraschenderweise nehmen sich die Schweden durchaus frei vom Sex, zum Beispiel wenn sie fermentierten Hering essen.**

Weg, um abwegigeren Spielarten zu widerstehen. Das einzige Rätsel in Zusammenhang mit schwedischem Sex ist, warum sie es so unbequem machen. Doppelbetten sind eine Seltenheit in Schweden. Stattdessen werden in Hotels Einzelbetten mit scharfen Holzrändern zusammengeschoben und in Jugendherbergen haben die Stockbetten Papierlaken, die rascheln.

Sitten & Gebräuche

Gesetzliche Feiertage

Tief im schwedischen Charakter befindet sich ein Bär. Nicht von der grimmigen Sorte mit Haaren auf der Brust, sondern die Sorte, die den Winter zusammengerollt und benommen durchschläft, sich fragend, wann der Frühling kommt.

In Schweden erachten viele, einigermaßen optimistisch, Ostern als das erste Anzeichen von Frühling. Das Symbol der Jahreszeit ist die Osterhexe, ein altes Weib von einzigartiger Hässlichkeit. Die Legende sagt, dass sie bei Sonnenaufgang mit ihrem fliegenden Besenstiel aufsteigt, um mit dem Teufel an einem Ort namens Blåkulla ("Blauhügel") zu verkehren, während ein Teekessel am vorderen Ende des Besenstiels herunterhängt und sich eine schwarze Katze verzweifelt am hinteren Ende festkrallt. Einige sagen, dass sie auf ihrem Weg in Kinderzimmer hereinplatzt und Kinder mit ihrem Besen auf den Hintern schlägt, bevor sie mit Süßigkeiten gefüllte Pappmaché-Eier verteilt. Seit das Gesetz gegen das Schlagen von Kindern erlassen wurde, werden die Süßigkeiten ohne die Klapse verteilt.

> **In Schweden erachten viele, einigermaßen optimistisch, Ostern als das erste Anzeichen von Frühling.**

Die Walpurgisnacht am 30. April läutet den offiziellen Beginn des Frühlings ein. Tagsüber bevölkern zehntausende Studenten mit weißen Mützen die Straßen und singen ein altes Lied, das ihre sorgenlose Zukunft feiert. Dieses Lied wurde komponiert, bevor die Warteschlange für die Arbeitslosenhilfe erfunden war. Nachts versammeln sich im ganzen Land Leute um die auf Hügeln errichteten Freudenfeuer, um die Wärme in sich aufzunehmen und den örtlichen Chören zuzuhören.

Der schwedische Maibaum ist legendär, nicht zuletzt, weil er im Juni errichtet wird. Der Mittsommertag, oder eher die Nacht, ist die Zeit für Spaß und Fortpflanzung. Aquavit – der Geist des Lebens – ist das Aphrodisiakum der Jahreszeit. Man tanzt auf dem Bootssteg, begleitet von heulenden Geigen und schnaufenden Akkordeons. In den meisten Ländern ist das

❯❯ Im August freuen sich die Schweden auf ihr jährliches kräftskiva.

Tanzen eine vertikale Methode ein horizontales Bedürfnis zu stillen. In Schweden ist es nur ein Appetitanreger. Einige Leute glauben noch immer, dass eine junge Frau, die sieben wilde Blumen pflückt und diese in der Mittsommernacht unter ihr Kopfkissen legt, von ihrem zukünftigen Ehemann träumen wird. Keiner weiß, was sie mit dieser Einsicht tun könnte.

Im August freuen sich die Schweden auf ihr jährliches *kräftskiva,* ein trautes Zusammensein um Flusskrebse zu essen. Wenn das Wetter es erlaubt, wird das Fest im Freien unter kerzenbeleuchteten Lampions abgehalten. Teil des Spaßes war es früher, die kleinen Krustentiere zu fangen, die, wie schwedische Panzer, für *undfallenhet* gebaut sind und zwei Geschwindigkeiten vorwärts und fünf rückwärts haben. Heutzutage werden die meisten der zu verspeisenden Flusskrebse tiefgefroren nach Schweden importiert, und dann, gefroren oder lebendig, ohne Aufhebens in kochendes Wasser geworfen, wodurch sie krebsrot werden. Ihr Geschmack, ohnehin im besten Falle als zart zu bezeichnen, verschwindet komplett, wenn die Geschmacksknospen durch eine ständige Zufuhr von Aquavit betäubt werden.

Der Advent ist die Zeit, in der die Schweden Laternen aufhängen und elektrische Kerzen ins Fenster stellen. Nachts durch verschneite Straßen entlang all dieser Lichter spazieren zu gehen, ist eine einzigartige Erfahrung, vor allem da sich die Schatten der Nacht bereits in der Mitte des Nachmittags herabsenken.

>> **Das bekannteste schwedische Fest ist ohne Zweifel das Luciafest.**

Das bekannteste schwedische Fest ist ohne Zweifel das Luciafest, versinnbildlicht durch eine blonde, junge Schönheit in heiratsfähigem Alter, gekleidet in Weiß mit einem Kranz brennender (elektrischer) Kerzen auf ihrem Kopf. Jedes Jahr am 13. Dezember besucht sie mit ihrem Gefolge aus jungen Mädchen und Jungen, die eine einzelne Kerze oder Laterne halten, Arbeitsstätten, Altenheime, Krankenhäuser, Gemeindesäle und Kindergärten, wo sie alle auf Altschwedisch „Natten går tunga fjät" singen, was „Die Nacht geht mit schweren Schritten" bedeutet. Regionale und landesweite Wettbewerbe, um eine Lucia zu wählen, führen zu Prozessionen auf Straßen und in Einkaufszentren und sogar zu Autokorsos für die junge Schönheit.

Weihnachten wird in Schweden am Abend des 24. Dezember gefeiert. Der Herr des Hauses verschwindet kurz, um die Kleider zu wechseln, und kommt in der Gestalt des Weihnachtsmannes, der einen Sack voll Plunder bei sich hat, zurück. Bewandert in Kinderpsychologie erschreckt er die Kinder erst, bevor er sie mit Geschenken überhäuft.

Weihnachten ist auch die Jahreszeit für *glögg,* kochend heißen Glühwein, benannt nach dem Geräusch, das er macht, wenn man ihn hinunterschluckt. Manche Leute bevorzugen ein Rezept mit zugesetzten Spirituosen, das so stark ist, dass man eine Weltraumrakete damit antreiben könnte. Man nehme vier Flaschen eines billigen Rotweins, füge zwei Flaschen reinen Alkohols hinzu, mische Orangen- und Zitronenschalen, Zucker, Zimtstangen, Nelken, Rosinen und Mandeln unter, mache das Licht aus und setze das Ganze in Brand. *Glögg* wird serviert, indem man das kochend heiße Gebräu in winzige Gläser schöpft, ohne etwas in den Schoß der Gäste zu verschütten.

》》Ältere Schweden feiern den Anbruch eines neuen Jahres mit der Ausgelassenheit eines Begräbnisses.

Ältere Schweden feiern den Anbruch eines neuen Jahres mit der Ausgelassenheit eines Begräbnisses. Während der Rest der Bevölkerung Luftschlangen wirft und verrückte Hüte trägt, sitzen diese Traditionalisten wie versteinert vor ihren Fernsehern und schauen sich einen Schauspieler an, der die schwedische Übersetzung von Tennysons „Ring Out, Wild Bells" vorträgt. Wenn das Gedicht endet, füllt sich der Raum mit den mächtigen Klängen der Glocken vom Dom, unterlegt von knallenden Sektkorken.

Genau um Mitternacht erhebt sich die versammelte Menge mit dem Sektglas in der Hand und Tränen in den Augen und man wünscht sich gegenseitig ein glückliches neues Jahr.

Badezimmerangewohnheiten

Schweden ziehen die Dusche der Badewanne vor, weil sie weniger Zeit braucht, weniger Wasser benötigt, hygienischer ist und eine bessere Akustik für Arien bietet.

Ausländer, die ein schwedisches Heim besuchen, sind unter Umständen etwas erstaunt, wenn sie entdecken, dass neben der Toilette eine Tüte mit Damenbinden an einem Haken hängt. Schwedischer Logik zufolge müsste man sonst, wenn man schon die Damenbinden versteckt, auch das Toilettenpapier verstecken.

Systeme

Straßen

Der Verkehr auf schwedischen Straßen verläuft überraschend ruhig in Anbetracht der verborgenen Kraft eines Volvos, der langen Entfernungen, die bewältigt werden müssen, und des einer Startbahn gleichenden Standards der Straßen. Tatsächlich dienen bestimmte Abschnitte der schwedischen Landstraßen auch als zusätzliche Start- und Landebahnen der Luftstreitkräfte – und Flugzeuge haben Vorfahrt. Auch das restliche Fernstraßennetz gibt einem durch die befestigten Seitenstreifen, die fast so breit sind wie die Fahrbahnen selbst, das Gefühl einer Startbahn.

>> **Bestimmte Abschnitte der schwedischen Landstraßen dienen auch als zusätzliche Start- und Landebahnen der Luftstreitkräfte.**

Das eigenartigste Phänomen beim Autofahren in Schweden ist die Zahl der Leute, die die befestigten Seitenstreifen nutzen, als wäre es eine normale Fahrbahn. Das geschieht, weil schwedische Fahrer, wenn sie einen Wagen sehen, der überholen möchte, rücksichtsvoll auf den Seitenstreifen ausweichen, auch auf die Gefahr hin, stehenden Fahrzeugen zu begegnen. Es kann passieren, dass man gerade dabei ist, einen Holztransporter zu überholen, der auf dem Standstreifen entlangrumpelt, wenn dieser plötzlich zurückschert auf die eigene Fahrbahn, um einem Auto von Pilzsammlern auszuweichen, das dort gerade parkt.

Gesundheitswesen

Schwedischen Statistiken zufolge rangiert das nationale Gesundheitswesen international an erster Stelle. Internationalen Statistiken entsprechend steht Schweden auf dem 23. Platz von 105. Wer einen ärztlichen Rat einholen möchte, wird erst von einer Krankenschwester über-

>> **Schwedischen Statistiken zufolge rangiert das nationale Gesundheitswesen international an erster Stelle.**

prüft, bevor man zum Hausarzt vorgelassen wird und nur der Hausarzt hat das Recht, an einen Spezialisten zu überweisen. Patienten, deren Krankheiten die Musterung bestehen, werden gescannt, kommen unter das Messer, bekommen Transfusionen oder Bestrahlungen mithilfe der modernsten Krankenhausapparatur und werden sofort nach Hause geschickt. Heraus kommt dabei ein Gesundheitswesen, das sich der Staat tatsächlich leisten kann. Patienten bezahlen die ersten

1000 Kronen für ärztliche Beratung und die ersten 2000 Kronen für Medikamente in einem Zeitraum von 12 Monaten selbst, was Hypochonder dazu veranlasst, in einem Jahr so viele Medikamente zu horten, dass es auch noch für das nächste Jahr reicht.

Bildung

In Schweden können 99 % der Einwohner lesen und schreiben und pro Kopf gibt Schweden mehr Steuergelder für den primären und sekundären Bildungsbereich aus als jedes andere Land der Welt. Eckige Köpfe mit abgerundetem Wissen zu füllen ist eine teure Sache.

>> **Schweden gibt mehr Steuergelder für den primären und sekundären Bildungsbereich aus als jedes andere Land der Welt.**

Da beide Eltern arbeiten, schärfen die meisten Kindergartenkinder ihre Ellenbogen in Kindertagesstätten. Die Pflichteinschulung beginnt mit sieben Jahren, verglichen mit fünf Jahren in den Niederlanden und sechs in Deutschland.

Nachdem man jahrzehntelang die Stirn gerunzelt hatte über die als undemokratisch geltenden, privaten *friskolor* (unabhängige Schulen), florieren diese in der Zwischenzeit wieder. Diese Schulen unterrichten im Prinzip den nationalen Lehrplan, setzen aber einen Schwerpunkt auf Religion, Kunst, Naturwissenschaften, Sport, Frisörhandwerk oder Unterwasserkorbflechten. Per Gesetz wird jedem Schüler ein faktisches, jährliches Budget zugesprochen, das den Kosten für dessen Bildung an einer staatlichen Schule entspricht.

Entscheidet sich ein Schüler für eine unabhängige Schule, dann sind die lokalen Behörden verpflichtet, der Schule 85 % des Budgets zu bezahlen, der Rest muss mit Spenden abgedeckt werden.

Unter Schwedens zwei Dutzend Universitäten und Technischen Hochschulen sind Uppsala und Lund die ältesten und die im Ausland bekanntesten. Deren Campus liegt jeweils bei einer prächtigen Kathedrale und verteilt sich über das gesamte Stadtgebiet. In beiden Städten konzentriert sich das soziale Leben der Studenten

>> **Schwedische Studenten haben im Prinzip dieselben Probleme wie andere Universitätsstudenten auf der Welt auch.**

nicht auf Studentenverbindungen, sondern auf „Nationen", die die verschiedenen Provinzen Schwedens repräsentieren. Die historischen Gebäude, in denen die Nationen untergebracht sind, sind nicht ausgeschildert, aber ein Besucher kann den Weg finden, indem er einfach seiner Nase folgt. Die Gerüche, die aus den Küchen der Nationen wehen, sind untrüglich regional, wobei der faulige Gestank fermentierten Herings der Nation der Nordprovinzen die Führung übernimmt.

Schwedische Studenten haben im Prinzip dieselben Probleme wie andere Universitätsstudenten auf der Welt auch. Dazu gehören der Mangel an Studentenwohnungen, die Wahl der beruflichen Laufbahn und ungewollte Schwangerschaften. Allerdings gibt es keine Studiengebühren. Um ihre Lebenskosten zu decken, erhalten sie einen ausreichenden „Studentenlohn", wovon ein Drittel ein bedingungsloses Stipendium ist, unabhängig vom Einkommen der Eltern und deren Bereitschaft zur Unterstützung. Der Rest wird nach dem Abschluss durch einen Abzug vom jeweiligen Gehalt zurückbezahlt – falls und wenn der- oder diejenige eine Stelle findet.

Der schwedische Bildungshunger wird durch den sekundären Bildungsbereich oder die Universität nicht gestillt. Die Leute strömen in Abendkurse, in denen man von Kultur über Fleischzerlegen bis zu Techniken für gesunden Schlaf alles lernen kann. Einwanderer werden dafür bezahlt, Schwedischunterricht zu nehmen. Dies entspricht einem bescheidenen Gehalt, denn sie sind über Jahre mit dieser Aufgabe beschäftigt, selbst wenn sie nicht versuchen, sie künstlich in die Länge zu ziehen.

>> **Die Leute strömen in Abendkurse, in denen man von Kultur über Fleischzerlegen bis zu Techniken für gesunden Schlaf alles lernen kann.**

Verbrechen & Strafe

Kriminalität

Kriminalitätsraten in verschiedenen Ländern zu vergleichen ist bekanntermaßen durch die verschiedenen Definitionen von Kriminalität schwierig. Die Schweden meinen, dass der zuverlässigste Vergleichsparameter die Zahl der Personen in Gefängnissen pro 1.000 Einwohnern ist. In Anbetracht der Tatsache, dass ihr Strafsystem danach strebt, Freiheitsstrafen niedrig zu halten, rangieren die Schweden wieder an der Spitze.

Das Steuern eines Fahrzeugs unter jeglichem Alkoholeinfluss ist ein Verbrechen in Schweden. Lehrer dürfen Schüler nicht schlagen, aber Schüler dürfen ungestraft Todesdrohungen gegen ihre Lehrer aussprechen. Eine Bank mit einer Schusswaffe auszurauben, könnte Probleme verursachen, weil es das Waffengesetz bricht. Doch dieselbe Bank durch schlechtes Management um zig Millionen zu berauben ist in Ordnung und bringt dem Übeltäter eine äußerst großzügige Abfindung ein.

》》 Schwedische Gefängnisse sind weder Straf- noch Zuchtanstalten. International entspricht ihnen am ehesten der Club Méditerranée.

Bestrafung

Schwedische Gefängnisse sind weder Straf- noch Zuchtanstalten. International entspricht ihnen am ehesten der Club Méditerranée.

Professionelle Kriminelle kommen normalerweise mit einer leichten Strafe davon. Die Entführer des Industriellen Peter Wallenberg ließ man laufen, Olof Palmes Mörder wurde erst gar nicht geschnappt. Das einzige Verbrechen, das einem Täter einen Aufenthalt hinter Gittern garantiert, ist das Fahren unter Alkoholeinfluss. Trinkt man auch nur einen Fingerhut voll Alkohol, bevor man sich auf den Weg macht, kann dies dem Fahrer eine Gefängnisstrafe von bis zu zwei Jahren einbringen.

Schlawiner, Schurken, Gauner, Halunken, Geschwindigkeitsübertreter und Missetäter werden nicht Opfer von Inhaftierung, sondern von langsamer und systematischer Folter. Das Folterinstrument ist bekannt unter dem Namen *dagsböter* und packt den Täter dort, wo es am meisten weh tut: beim Geldbeutel. Oberflächlich betrachtet ist *dagsböter* nur ein Bußgeld, doch anstatt ein festgelegtes Bußgeld für eine bestimmte Straftat aufzuerlegen, ist das Rechtssystem bestrebt, die Sache noch schmerzlicher zu machen, indem das Bußgeld an den Geldbeutel des Täters angepasst wird. Wenn also eine reiche Person bei einer Geschwindigkeitsübertretung erwischt wird, dann wird ihr *dagsböter* viel höher sein als das eines armen Schluckers, der mit der gleichen Geschwindigkeit erwischt wird.

>> **Dagsböter ist ein Bußgeld, das, um die Sache noch schmerzlicher zu machen, an den Geldbeutel des Täters angepasst wird.**

In der Geschichte des *dagsböter* gab es einige interessante, unerwartete Wendungen. Ein mittelloser Student drückte einmal den Alarmknopf eines öffentlichen Feueralarms, um seine Freundin zu beeindrucken. Statt sich zu verstecken, wartete er ganz dreist, bis die Feuerwehr ankam. Als der Brandmeister herausfand, dass es sich um einen dummen Streich handelte und die Polizei rief, stand der Student nur da und lachte, da er wusste, dass sein *dagsböter* zwangsläufig auf null reduziert werden würde. Was er jedoch nicht wusste: Seine Großeltern, die Millionäre waren, hatten einen großen Teil ihres Vermögens in einem Treuhandfonds für ihn angelegt, um Steuern zu sparen. Bei der Höhe des *dagsböter* verging dem Studenten das Lachen, während sich alle anderen ein Grinsen nicht verkneifen konnten.

Geschäftsleben

Das Schwedische Modell

Das Schwedische Modell ist ein Sozialgefüge, das sich nach dem Zweiten Weltkrieg aus Schwedens Balanceakt zwischen Kapitalismus und Kommunismus entwickelte. Der entstandene Wohlfahrtsstaat hat vieles der strikten Einhaltung der Neutralität zwischen Ost und West zu verdanken.

Durch die tiefe Verwurzelung von *lagom* haben die Schweden die Vorzüge von Mäßigung, Kompromissbereitschaft und Teamwork entdeckt. Davon zeugen viele Beispiele, wie die relativ friedliche Koexistenz von Arbeitgebern und Gewerkschaften und die Leichtigkeit, mit der

>> **Jahrzehntelang haben andere Länder Schwedens soziales Experiment mit Bewunderung und Neid beobachtet.**

das Management Verantwortlichkeit an die Arbeiterschaft delegiert. Soziologen und Psychologen im Ausland staunen über die Art und Weise, wie es die Schweden geschafft haben, Individualismus und Kollektivismus zu versöhnen, was es dem Einzelnen erlaubt, maximale Befriedigung in der Arbeit zu finden, ohne seine Rücksichtnahme auf das Gemeinwohl zu opfern.

Jahrzehntelang haben andere Länder Schwedens soziales Experiment mit Bewunderung und Neid beobachtet und ausländische Analysten und Journalisten suchten nach Rissen im Schwedischen Modell. 1992 atmete die Welt befriedigt auf, als der schwedische Immobilienmarkt komplett einbrach, die Banken beinahe bankrott gingen und die *krona* gegenüber dem Dollar um 30 % an Wert verlor. Die Arbeitslosenquote schoss auf 10 % und mehr in die Höhe. Einst Leuchtturm und Meilenstein für die Sozialplaner der Welt, war aus dem Schwedischen Modell der Schwedische Morast geworden.

Doch man hat wichtige Lektionen gelernt. Die Schweden sind schnell aus der wirtschaftlichen Hölle wiederauferstanden, um ihre spezielle Marke des Wohlfahrtsparadieses neu zu erschaffen. Was das Wohnniveau, Zweitwohnsitze, Autos, Boote, Computer und Mobiltelefone betrifft, gehört Schweden zu den weltweiten Spitzenreitern.

> **Einige Unternehmen testen jetzt den 6-Stunden-Arbeitstag. Die Idee ist, dass weniger Arbeit alle glücklicher und produktiver macht.**

Arbeit, Arbeit, Arbeit

Die Schweden nähren ihre lutherische Arbeitsethik sorgfältig, außer wenn sie durch Gewerkschaftsversammlungen aufgehalten werden oder ihren gesetzlich festgelegten, fünfwöchigen Jahresurlaub nehmen, oder wenn sie ihre 16 Monate Mutterschutz in Anspruch nehmen, oder wenn sie eine Fortbildung besuchen. Einige Unternehmen testen jetzt den 6-Stunden-Arbeitstag. Die zugrunde liegende Idee ist, dass weniger Arbeit alle glücklicher und somit produktiver macht.

Frauen machen die Hälfte der schwedischen Arbeitskräfte aus, ein Rekord in der industrialisierten Welt und nur übertroffen von der Dritten Welt, in der die Frauen die gesamte Arbeit leisten. Seite an Seite mit ihren männlichen Kollegen nehmen sie sich frei von der Arbeit, um die schwedische Konkurrenzfähigkeit im In- und Ausland zu erhöhen.

Die Schweden gehen sehr gerne auf Teambuilding-Tagungen in Badeorten am Mittelmeer oder an Bord eines Kreuzfahrtschiffes nach Finnland. Der Ausflug bietet viele Sehenswürdigkeiten, viel Essen, Trinken und außereheliche Verbindungen auf Kosten der Firma, organisiert vom Arbeitgeber, um die Mitarbeiter für ihre harte Arbeit zu belohnen.

Gründerzentren

Schweden verfügt über eine einzigartige Kultur von Geschäftsinkubatoren und Gründerzentren, in denen Menschen vorrangig in einer partnerschaftlichen Atmosphäre an ihrer Selbstverwirklichung arbeiten.
Auch Volvo und Saab sind in dieser Hinsicht typisch. Die beiden schwedischen Hersteller nahmen eine Vorreiterrolle bei

» Schweden verfügt über eine einzigartige Kultur von Geschäftsinkubatoren und Gründerzentren.

der sogenannten Dock-Montage ein, bei dem die Arbeiter am Montageband in kleine Teams eingeteilt werden, die ganze Autos von der ersten Schraube bis zur letzten Niete zusammenbauen. Der Plan war, dass die Arbeiter ihr Fachwissen bei der Arbeit erweitern, sich mit Produktivität und Qualitätsnormen identifizieren und daraus professionelle Zufriedenheit ziehen würden – alles typisch schwedisch.

Aber nachdem man ein paar Jahre lang falsch zugeteilten Komponenten hinterhergejagt war und herausgefunden hatte, dass die Teams, die alle in verschiedenen Geschwindigkeiten arbeiteten, nach und nach mit dem gesamten Produktionsfluss aus dem Takt geraten waren, baten die Arbeiter um Gnade und wurden an die traditionellen Montagebänder zurückversetzt.

Volvo dachte zu einem Zeitpunkt ernsthaft über einen neuen Ansatz zur Verbesserung der Arbeitsprozesse nach, genannt „schlanke Produktion". Die Methode bedeutete, von allem die Hälfte zu nutzen – Mitarbeiter, Aufwand, Raum, Kapital, Zeit und Bauteile. Volvo war nie mehr so nah dran, das Motorrad neu zu erfinden.

Entscheidungsfindung

Ausländische Geschäftsleute, die an wichtigen Konferenzen teilnehmen, verlassen sich normalerweise auf die Tagesordnung, um zu wissen, was diskutiert werden soll, und auf Protokolle, um zu wissen, was entschieden worden ist. Sie finden die schwedische Ungezwungenheit verunsichernd. Schwedische Geschäftsleute sind genau so verwirrt durch Ausländer, die Entscheidungen verlangen, lange nachdem völlige Einigung erreicht zu sein scheint.

>> **Schwedische Geschäftsleute sind verwirrt durch Ausländer, die Entscheidungen verlangen, lange nachdem völlige Einigung erreicht zu sein scheint.**

Während die Amerikaner ein Treffen mit einem Vertrag abschließen wollen und Italiener ein Ende bei einem Geschäftsessen bevorzugen, sind die Schweden ihnen allen schon weit voraus, da sie sich schon für *lagom* entschieden haben, das heißt, den Punkt in der Verhandlung, als sie zum ersten Mal die optimale Lösung erkannt haben. Der Rest des Treffens ist Smalltalk und der Vertrag ist nur noch eine reine

Formsache. Unglücklicherweise besitzen nur die Schweden die notwendige Erkenntnis darüber, wann *lagom* erreicht worden ist.

Zeitverständnis

Die Schweden sind bis auf die Sekunde pünktlich, aber sie kümmern sich nicht um Details wie das Datum. Wenn man versucht, sich mit einem Schweden zu verabreden, wird man eine Antwort erhalten wie: „Dienstag in KW 42 habe ich Zeit." Es ist dann Ihre Sache herauszufinden, wann KW 42 ist. (Eigentlich ist es ganz einfach: Man nehme zum Beispiel die 42, teile sie durch die Anzahl der Wochen in einem Jahr, multipliziere das Ergebnis mit der Zahl der Tage des Jahres und addiere das Ergebnis zum 1. Januar ohne zu vergessen, welche Monate 28, 29, 30 und 31 Tage haben.) Wenn Sie möchten, dass der Schwede das für Sie ausrechnet, dann wird er dem wahrscheinlich nachkommen, aber das Ergebnis, wie in Schweden üblich, rückwärts aufschreiben, also 2018-11-17.

>> **Pünktlichkeit ist eine fixe Idee der Schweden.**

Pünktlichkeit ist eine fixe Idee der Schweden. Kommt man zu spät zu einem Treffen oder einer Einladung zum Essen, ist man auf den Wert eines Ohrwurms reduziert. Der einzige Ort, an dem Schweden eine Wartezeit akzeptieren, ist beim Arzt oder Zahnarzt.

Multitasking ist ein in Schweden unbekanntes Konzept. Den Schweden wird von jüngster Kindheit an beigebracht, nur jeweils eine Sache zu tun und diese erst angemessen zu

Ende zu bringen, bevor man eine neue Aktivität in Angriff nimmt. Das Problem dieser Herangehensweise ist, dass, falls ein Freund oder Geschäftskollege zu spät zu einer Verabredung kommt, ein augenblicklicher Dominoeffekt in einem schwedischen Kalender entsteht und der Rest des Tages durcheinandergerät.

Schwedische Geschäftsleute neigen dazu, 15 Minuten zu früh zu einem Geschäftstreffen zu kommen, ein paar Mal um den Block zu fahren, um die extra Zeit totzuschlagen – um dann für das Aufsuchen des Straßenstrichs festgenommen zu werden.

Schwedische Pünktlichkeit wird im Ausland stark unterschätzt. In Frankreich überrascht ein schwedischer Gast, der zur angegebenen Zeit zum Essen erscheint, den Gastgeber beim Rasieren und die Gastgeberin in der Badewanne. In Spanien erholen sich der Gastgeber und die Gastgeberin wahrscheinlich immer noch von ihrer Siesta.

>> **Schwedische Geschäftsleute neigen dazu 15 Minuten zu früh zu einem Geschäftstreffen zu kommen.**

Mit natürlicher Anmut wird der schwedische Gast fast jede Entschuldigung akzeptieren und im Wohnzimmer darauf warten, dass das Vergnügen beginnt. Dort sitzt er kerzengerade in einer Ecke des Sofas, eine Hand umklammert immer noch einen Strauß Blumen und die Finger der anderen klimpern auf dem Beistelltischchen herum.

Während die anderen Gäste eintrudeln, kann sich der schwedische Gast nicht entscheiden, ob er diese küssen, sich verbeugen oder Hände schütteln soll. Also läuft er zwischen den Nachzüglern herum, schwingt seinen Arm wie ein Flugzeugeinweiser, dabei „Hej-hej" rufend, was sich anhören soll wie ein fröhliches „Hu-hu!", könnte aber als „Tschüss" verstanden werden, weshalb sich die anderen Gäste fragen, ob er kommt oder geht.

Während des Dinners streicht er die Gänseleberpastete auf den Toast in seinem Handteller. Bestürzt, dass er sich links neben der Gastgeberin befindet, reagiert er auf ihre geistreiche Konversation mit Grunzlauten, während er im Geiste seine Dankesrede vorbereitet, völlig vergessend, dass dies außerhalb seines Heimatlandes niemand erwartet. Nachdem er

❱❱ Die Zeit verfliegt und der Alkohol fließt, wenn man sich amüsiert.

seine Rede gehalten hat, ist er wie ausgetauscht. Er kippt den Wein hinunter, stürzt sich auf das Dessert und unterhält sich sogar mit der Gastgeberin. Von jetzt an ist er in seinem Element und ergötzt die anderen Gäste mit Geschichten von den Wundern Schwedens.

Die Zeit verfliegt und der Alkohol fließt, wenn man sich amüsiert. Wenn der schwedische Gast auch der erste gewesen sein mag, der zur Dinnerparty erschienen ist, wird er nicht den Fehler machen, als erster zu gehen. Sobald er sich über das Schwedische Modell auslässt, werden die Augen von Gastgeber und Gastgeberin jedoch glasig. Wenn er die Vorteile, auch tagsüber mit eingeschaltetem Licht zu fahren, hoch lobt, schauen die anderen Gäste schon mal auf ihre Uhren. Wenn er dann noch zu den hohen Alkoholpreisen in Schweden übergeht, stehen einige auf und küssen die Gastgeberin auf beide Wangen.

Spätestens wenn sein Monolog mit einer Pavarotti-Darstellung im Singen schwedischer Trinklieder gipfelt, ist der letzte Gast gegangen. Dann ist die Zeit für den Gastgeber gekommen, aufzustehen, seinen Arm wie ein Flugzeugeinweiser zu schwingen und „Hej-hej" zu sagen – wie in „Ciao ciao".

Regierungssystem

Politik

Die politische Bühne in Schweden wird von acht offiziell registrierten Parteien dominiert. Ähnlich wie in Deutschland sind Koalitionen die Norm in Schweden, wenn es um die Regierungsbildung geht. Schweden wurde von 1932 bis 1976 durch von den Sozialdemokraten angeführte Koalitionen (oder Minderheitsregierungen) regiert, die den schwedischen Wohlfahrts-

>> **Schweden wurde von 1932 bis 1976 durch von den Sozialdemokraten angeführte Koalitionen (oder Minderheitsregierungen) regiert.**

staat kreierten. Sie haben es von den Reichen genommen und den Armen gegeben, bis alle auf Sozialhilfe angewiesen waren. Müde der sozialistischen Exzesse entschied sich die Wählerschaft für eine Zentrum-Rechts-Koalition, gebildet aus den Gemäßigten. Doch die neue Regierung enttäuschte die Wähler, indem sie einfach das Wohlfahrtsprogramm da weiterführte, wo die Sozialdemokraten aufgehört hatten.

Die Wähler begannen zwischen den Sozialdemokraten und den ‚Moderaten' hin und her zu lavieren, um die angeblichen

Unterschiede in der politischen Ausrichtung optimal auszuschöpfen. Die schwedischen Sozialdemokraten entschieden sich für den *lagom*-Weg und übernahmen das konservative Parteiprogramm, verleugneten proletarische Werte und rissen den Wohlfahrtsstaat zugunsten einer Gewinn- und Verlustlogik nieder. Diese Herangehensweise funktionierte ausgezeichnet bis die Moderaten wiederum die sozialdemokratische Parteilinie adoptierten, was sie genau zu ihrem ursprünglichen, zentrum-rechten Parteiprogramm zurückführte. Jeder Ausländer, der von dieser Wende der Ereignisse verwirrt ist, befindet sich in guter Gesellschaft mehrerer Millionen schwedischer Wähler.

>> **Schweden hat eine Reihe von Witzparteien, darunter die Donald-Duck-Partei und die Billigeres-Bier-Partei.**

Schweden hat eine Reihe von Witzparteien, darunter die Donald-Duck-Partei (freier Alkohol für alle und breitere Bürgersteige) und die Billigeres-Bier-Partei (die nichts dagegen haben, etwas dafür zu bezahlen). Es gibt auch eine Reihe von Ein-Themen-Parteien wie die Schnapspartei (die es bevorzugen würde, wenn die Schweden vollständig aufhören würden zu trinken) und die Piratenpartei (die sich für das Recht, digitale Medien frei über das Internet zu verteilen, einsetzt). Dann gibt es noch die Grünen, die nicht nur gegen Atomkraft sind, sondern auch den Rückbau der gesamten schwedischen industriellen Infrastruktur und eine Rückkehr zur Subsistenzwirtschaft befürworten.

Ein Fluch der schwedischen *undfallenhet* ist, dass niemand mehr bereit ist, das Land *i nöd och lust* – durch dick und dünn

– zu führen. Beispielsweise erklärte der damalige Premierminister Ingvar Carlsson, der heimischen Politik müde geworden, in der Mitte der Legislaturperiode, die Stelle mache zu viele Scherereien und bot sie einer Ministerin in seinem Kabinett an. Sie war eifrig genug, doch erhielt sie nicht die Zustimmung des Parlaments, nachdem man einige Leichen im Keller entdeckt hatte. Letztendlich landete der Posten beim Finanzminister, weil ihn sonst kein anderer haben wollte.

Die Monarchie

Jean Bernadotte, ein General in Napoleons Armee, wurde 1810 durch den schwedischen Adel angeworben, um dem amtierenden König nachzufolgen, der kinderlos war und an Altersschwäche litt. Beim Bewerbungsgespräch wäre er wegen der Sprache fast durchgefallen.

>> **Jean Bernadotte wurde ein hoch geachteter Monarch, auch wenn er nie ein Wort Schwedisch sprach.**

Doch er zog die Stelle an Land und wurde ein hoch geachteter Monarch, auch wenn er nie wieder ein einziges Wort Schwedisch sprach.

Bernadotte hat sein neues Königreich nicht sofort gemocht. In einem Brief von 1810 zeichnete er folgendes Bild von Schweden: „Der Wein ist schrecklich, die Leute ohne Temperament und sogar die Sonne strahlt keine Wärme ab." Trotz alledem gründeten die Bernadottes eine Dynastie bedeutender Regenten, einige davon mit wissenschaftlichen Neigungen. Zum Beispiel war Gustav VI. Adolf ein hoch angesehener Archäologe. Sein Enkel, der heutige König Carl XVI.

Gustaf, doziert über die ökologischen Gefahren der Seehund-
jagd, vor allem gegenüber den Norwegern. Aufrufe zur Abschaffung der schwedischen Monarchie sind selten – jedenfalls in Schweden.

Die Verteidigung der Neutralität

Schwedens erklärtes Ziel ist es, „Blockfreiheit in Friedenszei-
ten, die zu Neutralität in Kriegszeiten führt" zu erhalten. Es
wird allerdings anerkannt, dass
die Erklärung alleine, wie schön
sie auch immer formuliert sein
mag, nicht notwendigerweise
kriegerisch gesinnte Länder ab-
schrecken wird, Schweden anzugreifen. Neutralität muss mit
Gewehren, Blut und zur Not auch mit fermentiertem Hering
verteidigt werden.

>> **Die Neutralität muss mit Gewehren, Blut und zur Not auch mit fermentiertem Hering verteidigt werden.**

Jeder potenzielle Aggressor muss dazu gebracht werden, es
sich zweimal zu überlegen, das heißt, den strategischen Wert
einer Invasion gegen die Bedrohung einer starken Verteidi-
gungsarmee, Marine und Luftstreitkräfte abzuwägen. Schweden musste daher eine beeindruckende Kriegsmaschinerie
aufbauen. Die eindrucksvollste Waffe, die im Land produziert
wird, ist Gripen (Greif), ein ultramodernes Gefechtsflugzeug,
das fast vollständig durch Software kontrolliert wird, gegen
die die Piloten manchmal einen aussichtslosen Kampf führen
und den Schleudersitz betätigen, um ihr Leben zu retten.

Da die spezifisch schwedische Arbeitsethik auch das Mili-
tär durchdrungen hat, werden Aggressoren freundlich gebe-

ten, nicht außerhalb der normalen Bürozeiten oder während der Ferien im Juli anzugreifen.

Sprache

Die schwedische Sprache ist sehr einfach zu lernen, besonders für Deutsche, und man kann sie innerhalb der 2 ½ Stunden, die es braucht, um vom Flughafen Frankfurt/Main zum Flughafen Arlanda bei Stockholm zu fliegen, beherrschen. Sie besteht aus deutschen Wörtern, die entsprechend der englischen Grammatik arrangiert und mit einer Achterbahn-Artikulation ausgesprochen werden. Die Sprache hat ein recht kleines, aktives Vokabular, was erklärt, warum die Schweden einigermaßen schweigsam sind und die Neigung haben, sich zu wiederholen. Ganze Konzepte können in einem Wort ausgedrückt werden wie etwa *orka,* das bedeutet, dass man genug Energie hat, eine Aufgabe zu erledigen, und *mysa,* das darauf hinausläuft, dass man sich an eine andere Person herankuschelt. *Gubbdagis* (wörtlich „Tagespflegezentrum für alte Käuze") ist ein Großmarkt, in dem ältere Herren stundenlang nach den neuesten Geräten lechzen, ohne tatsächlich etwas zu kaufen. Im Büro ist *fika* eine süße Kleinigkeit bestehend aus Kaffee und Kuchen, die wiederum eine neue Entschuldigung bietet, eine Pause bei der

> **Die Sprache hat ein recht kleines, aktives Vokabular, was erklärt, warum die Schweden einigermaßen schweigsam sind und die Neigung haben, sich zu wiederholen.**

Arbeit einzulegen. Jedes Büro, das seinen Namen verdient, hat einen *fikarum* (Fikaraum).

Ein seltsamer Trend unter jungen Schweden ist es, zusammengesetzte Wörter aufzuteilen. Zum Beispiel schreibt sich dann *en brunhårig sjuksköterska* (eine braunhaarige Krankenpflegerin) jetzt *en brun hårig sjuk sköterska* (eine braune haarige kranke Pflegerin). Die Eltern geben den Kurznachrichten auf dem Mobiltelefon, das ihre Kinder benutzen, die

» Jedes Büro, das seinen Namen verdient, hat einen fikarum.

Schuld. Ältere Schweden geben den Amerikanern die Schuld.

Die Worte *skål, svårmod, lagom, undfallenhet* usw. wurden bereits erklärt. Unter den zwei Dutzend anderen, die den Rest des Vokabulars bilden, werden die folgenden regelmäßig verwendet, wobei die ersten vier das schwedische Lebensgefühl einfangen, mit steigender Intensität:

Mambo umschreibt eine Person, die zu Hause bei der *mamma* wohnt.

Särbo ist eine Person, die regelmäßig mit demselben Partner schläft, während sie getrennt leben.

Sambo ist jemand, der mit jemandem zusammenlebt und schläft, ohne verheiratet zu sein.

Gift bedeutet „verheiratet", eine zunehmend seltene Form von Partnerschaft in Schweden. Und – was für ein merkwürdiger Zufall, es bedeutet auch „Gift".

Bonusbarn (Bonuskind) ist der politisch korrekte Ausdruck für Stiefkinder, da sie quasi gratis dazukommen.

Präktig auf einen Mann bezogen meint ausgezeichnet, großartig, prächtig. Ist eine Frau dagegen *präktig,* denkt man eher an eine mittlere Gewichtsklasse beim Boxen.

Käck ist, was schwedische Frauen gerne bei ihren männlichen Partnern sehen wollen: schneidig, unerschrocken, mutig – nicht zu verwechseln mit dem, was einen Ehemann ausmacht. Ist eine Person *käck,* schafft sie es, ihre *svårmod* wochenlang auf Abstand zu halten.

Hurtig bedeutet flott und schneidig, eine Qualität, die in Kombination mit *präktig* und *käck,* eine vollständig gesunde Person ausmacht, die jeglichem Ideal entspricht, und im Rest von uns sofort die Neigung hervorruft, uns so richtig gehen zu lassen.

(schwed.: „Ende")

Der Autor

Peter Berlin verließ seine Heimat Schweden am Tag nach seinem Universitätsabschluss und hat seitdem immer wieder zurückgeschaut. Er ist davon überzeugt, dass man ins Ausland gehen muss, um sein eigenes Land im rechten Licht zu sehen – denn wie kann man die Größe eines Wals von innen einschätzen?

Nach 45 Jahren in der Raumfahrtindustrie ging er in den Vorruhestand, um Autor in Vollzeit zu werden. Stattdessen war er auf einmal wieder angestellt, um Informationen in sibirischen und kasachischen Raumfahrtzentren zu sammeln, die zuvor im Westen unbekannt waren. Heutzutage verbringt er einen Großteil seiner Zeit damit, zukünftigen Raketenwissenschaftlern die Fallstricke, die beim Bau von Raketen und Satelliten auftreten können, zu lehren und Seminare zu interkultureller Kompetenz zu leiten, während derer er der lebendige Beweis dafür ist, dass man selbst nach Jahrzehnten im Ausland sein kulturelles Erbe ein Leben lang mit sich trägt.

Danksagung: Obwohl er als der einzige Autor des vorliegenden Meisterwerks auftaucht, möchte Peter Berlin die Schuld mit Henrik, Joakim, Christie und Shirley teilen, die Einblicke über die Schweden und eine kanadische Sichtweise beigesteuert haben.

Was mir noch aufgefallen ist ...

Die Schweden ...

Platz für eigene Beobachtungen

_____

_____

_____

_____

_____

_____

_____

_____

_____

_____

_____

Poste ein Bild von diesen Seiten auf Instagram unter #fremdenversteher
#reiseknowhow oder auf Facebook/Reise Know-How oder schick uns
eine Mail an fremdenversteher@reise-know-how.de

Was mir noch aufgefallen ist ...

In Schweden ...

Poste ein Bild von diesen Seiten auf Instagram unter #fremdenversteher
#reiseknowhow oder auf Facebook/Reise Know-How oder schick uns
eine Mail an fremdenversteher@reise-know-how.de

Was mir noch aufgefallen ist ...

Du weißt, dass Du in Schweden bist, wenn ...

Poste ein Bild von diesen Seiten auf Instagram unter #fremdenversteher #reiseknowhow oder auf Facebook/Reise Know-How oder schick uns eine Mail an fremdenversteher@reise-know-how.de

Außerdem von Reise Know-How:

Außer den Fremdenverstehern gibt es von Reise Know-How viele Bücher rund ums Reisen und für die weite Welt.

Reiseführer

Mehr wissen, mehr sehen, mehr erleben: Die kompletten Reisehandbücher für fast alle touristisch interessanten Länder und Gebiete. Seit 35 Jahren Antworten auf alle praktischen Fragen von A bis Z, dazu Hintergründe, Geschichte und Geschichten.

CityTrip

Die handlichen, praktischen Stadtführer mit Faltplan und Web-App für den individuellen Kurztrip. Erhältlich für alle Metropolen und die schönsten Reiseziele, aber auch für viele kleinere Städte, die es noch zu entdecken gilt.

Kauderwelsch-Sprachführer

Die Kauderwelsch-Familie umfasst neben dem handlichen Sprachführer auch den dazu passenden AusspracheTrainer (mp3-Download oder Audio-CD). Kauderwelsch-Sprachführer bieten mehr als ein reines Phrasenbuch: Die knappe Einführung in die Grammatik, die Wort-für-Wort-Übersetzungen und das Wörterverzeichnis helfen, sich schnell in der neuen Sprache zu orientieren und sie bald selbst anzuwenden. Auch gut für Auffrischer.

KulturSchock

Die Bände in der Reihe KulturSchock sind so etwas wie die großen Brüder der Fremdenversteher. Sie stellen fundiert Hintergründe dar, erklären Verhaltensweisen und bieten Orientierungshilfe im Reisealltag. Insbesondere für alle empfohlen, die sich beruflich, als Reisende oder wegen familiärer Verbindungen länger in einem anderen Land aufhalten.

**... und vieles mehr auf
www.reise-know-how.de**

 „Die Franzosen mögen es, wenn sich die Regierung in ihr Leben einmischt. [...] der Staat ist Frankreich (wie Kochen, Wein, Frauen, das Landleben, Paris, Kultur, Kinder, Freiheit-Gleichheit-Brüderlichkeit und ihr angeborenes Recht, auf dem Zebrastreifen zu parken)."

 „Die meisten Nationen betrachten die Niederländer als organisiert und effizient – ähnlich den Deutschen, nur nicht so beeindruckend. [...] Die Bäume in der Landschaft sind in Linien gepflanzt und die schwarz-weißen Kühe sind in ordentlichen kleinen Gruppen arrangiert."

 „Japaner sind von Haus aus gesellig – Individualität und Egoismus sind genauso willkommen wie ein Sumoringer, der sich am Büffet vordrängelt. [...] In Japan möchte sich jeder von allen anderen unterscheiden und zwar auf genau die gleiche Art."

„Die Engländer sind stolz auf ihren Sinn für *fair play* und nehmen an, dass dieser auch von allen anderen anerkannt und bewundert wird. [...] Wenn also ein Engländer sein Wort bricht, sollten die Ausländer gefälligst verstehen, dass es einen zwingenden Grund dafür gibt."

„Es muss an einem unbewussten Masochismus liegen, dass die Italiener es aufrichtig genießen, wenn man ihre Fehler hervorhebt. [...] Allerdings wird keine Kritik je so ernst genommen, dass man sich etwa veranlasst sähe, Gegenmaßnahmen zu ergreifen."

„Die USA sind ein Land, in dem sich einst Abenteurer, religiöse Fanatiker und Außenseiter niederließen (eine demographische Mischung, die sich in den letzten 400 Jahren kaum geändert hat)."

In der Reihe „Die Fremdenversteher" sind bisher erhältlich:

Alle Titel haben 108 Seiten und kosten 8,90 € (in Deutschland). Außerdem sind alle Titel auch als E-Book verfügbar, jeweils in den Formaten epub und mobi (für Amazon kindle).